金子書房

は し が き

“Variety is the spice of life.”（多様性こそ人生の醍醐味）というが，年ごとに賑わいを増す翻訳の（まぎれ込んだとりどりの誤訳をあわせた）繚乱の趣きも，やはり多様性の妙味に通じる。

翻訳は，さまざまな原作・原文の種類や質に応じ，またさまざまな訳者の力量や手法により，訳風や訳質もさまざまに異なる。原文への忠実さを重んじるもの，読みやすさを優先するもの，主観的潤色を多用するもの，俗調を混ぜて読者受けを狙うもの，等々，多彩である。

いっぽう翻訳に対する批評や，誤訳の指摘も，論者により，視点や基準が各様であり，直訳的な生硬訳が誤訳のレッテルを貼られたり，意味の通じにくい悪訳がやはり誤訳の断罪を受けたりすることもあり，各種の訳文が俎上に載せられ，論者自身の名訳も披露されて，楽しい。

悪訳と誤訳は別のものであり〔⇒ p.12〕，論者によっては誤訳よりも悪訳的要素により大きな批判の比重が置かれるが，主観的評価に左右されて対象が一定しない悪訳に対して，誤訳のほうは客観的に認定でき，素性もれっきとしている。

誤訳は，種類もレベルも多様であるが，頻出タイプとしては，語義の区別（たとえば，「文献」の literature を「文学」とする），多品詞語の用法（たとえば，as, that），文法的な構文・表現（たとえば，比較表現・否定表現・関係詞構文・不定詞構文）などに関するものが，依然として多い。また，複数訳者が同一作品の同一部分を誤訳する例（たとえば，「～しないでは〔しない〕」の意で用いられた but を「しかし」と解したもの）や，同一訳者が同一訳書の中で同一語句を何度も同じように誤訳する場合（たとえば，but then に「しかしそれならば」という訳を繰り返す）などもある。

本書において対象とした訳書は，あらかじめ誤訳の多出が予想される類のものではなく，文学作品など練達の訳者の筆になる，概して賛嘆の気持ちをもって接しうる，すぐれた訳業がほとんどである。それでもやはり，それらは例外なく，幾つかの啓発的な誤訳を提供してくれる。それらの多くは，別に訳者の力量不足に由来するといった性質のものではなく，中には勘違いや slip of the pen に類するものもあるが，さすがは専門家，その誤訳は，受験生でも先生でも翻訳を志す人でもいやベテランの翻訳家でも，“なるほど”と感じるような，非常に参考になるものが少なくない。

この本には，そのような誤訳の中から，特に啓発性と活用性の高いものを選んで収めたが，本書は，誤訳をあげつらう本ではなく，誤訳から学ぶ本であり，誤訳を防ぐための本である。だから，体系とか構造とかいえばやや大げさになるが，それなりに分類して系統だて，誤訳を例示するだけでなく，適宜，関連事項を解説し，文法的説明を加え，類例を示すなどした。英文解釈と翻訳の両方に共通する，誤りやすい点がよくわかるはずである。

また，収めた〔例〕の英文は，語句・構文・内容・文体などの点で，一通り典型を揃え，それぞれ養分も濃く，興味深く，変化に富み，総体として，幅広く，手堅く，柔軟な読解力を身につけるのにも好適なものとなっている。

本書は，ある英語雑誌に連載した記事を主な材料として編まれているが，今般，聖文新社の笹部邦雄氏のご好意により，新たに刊行の機会を得ることになった。笹部氏に厚く御礼申し上げ，また，今回の刊行までにいろいろな面でご協力いただいた方々に，ここで心から感謝の意を表します。

2003年　初春

著　者

目　　次

PART 1

誤訳の罪

しばらく前に，“読書人の雑誌”をうたうある雑誌に，「日記のなかから」と題する，カトリックと深いかかわりをもつ　ある高名な作家による巻頭随筆がのっていた。次のような書出しだった。

> 一昨日，それを読んだために非常に衝撃を受けた言葉がある。
> フィリップ・ストラトフォードの「信仰と文学」という本のなかの一節だ。……
> インターヴュで老いたモーリヤックはこう言ったという，「私は小説のなかで信仰を失ってしまった」と。　（下線は引用者）

そして，このくだりは，次の言葉で締めくくられている。

> （……小説家であるよりも信仰を守ろうとした……）その彼が晩年に至り，「小説のなかで信仰を失ってしまった」と告白したのが本当とすると，私は愕然とせざるをえない。この事をこれから考えてみねばならない。

引用文を枕とした名随筆である。ところが，実は，この引用文が誤訳なのである。多少とも，翻訳文を原文に還元して読むという習慣のある人ならば，この引用文の原文をすぐに推定して「ひょっとして?」という疑いを抱くはずである。筆者もそのような疑念を抱き，念のため原著を取り寄せてみた。はたして推測どおりであった。すなわち原文は

“I have lost faith in the novel.”

となっているのである。つまり，モーリヤックは

「私は小説のなかで信仰を失ってしまった」

などと言っているのでは少しもなく，

「私は小説というものに対して信念を失ってしまった」

と言っているのである。これならば，愕然たる思いを誘うことにはならなかったものと察せられる。

誤りは人の常であり，ふとした誤訳と，その誤訳との出会いとその引用に，人生のユーモアも感じられるが，誤訳もときに罪つくりをすることがわかる。次のような言葉が思い出される。

> 翻訳というとどうも誤訳の話に落ちたがる。愛嬌があるからである。「校正恐るべし」とか拙い駄洒落を飛ばして誤植根絶難を歎じた男がいるが，誤訳もどうも根絶は不可能のようである。だから誤訳の有無は一応大した問題ではないので，問題はその質と量とにかかっていよう。もっとも，問題ではないといっても，読まされる側からいえば迷惑千万な話で，それからいえば一つの誤訳でも罪は深いことになる。この問題ではたしか中島健蔵が名言を吐いたことがあり，たしかそれは，「とにかく引用して恥をかかないだけの翻訳でありたい」というのであったように思う。すこぶる謙虚な，人間の限界を心得た名言だと思う。
>
> ――中野好夫『酸っぱい葡萄』

この例は，たまたま誤訳が，そうとは知らずに引用されて，引用者に迷惑をかけてしまった稀な場合であるが，この類の誤訳そのものは別に珍しくはない。“うっかり”は人につきものであり，高度の語学力にも盲点があり，陥穽(かんせい)は思わぬところにひそんでいる。本書では，この道の専門家が実際に陥ったさまざまな陥穽のうち，なるべく応用性の高い，典型的ともいうべきものをとりあげ，分類・解説した。

なお，本書では，翻訳論に立ち入ることを特にしないが，大まかに言って，翻訳も，他のことと同じく，あまり堅苦しいことは言わず，基本において原文を尊重しつつ，訳出面では，直訳・意訳いずれの方向にもなるべく広いラティテュードを認めるようにしたほうがよいと思われる。しかし，そのような訳出面での多様性は，原文の正しい，特に語学的に正確な，解釈が許容する範囲内のものでなければならない。

たとえば，モーリヤックが述べた言葉も，「私は小説を信じなくなってしまった」とか，「私は小説に不信を抱くようになった」とか訳してもいいだろう。しかし，faith in ～，trust in ～，confidence in ～，belief in ～ などが表す意味関係（～を信じること）を正しく解さない，もしくは表さない訳は，どうしても困る。

これはよく見受けるタイプの誤訳なので，類例を一つ示しておく。

> Throughout his life, modern man is the object of influences which are directed to the end of robbing him of trust in his own power of thought.
>
> ——Albert Schweitzer: *The Way to Humanity*

（誤訳例）　生涯を通じて，現代人は彼自身の思考力において信念を彼から奪うという目的に向けられた影響の対象になっている。

下線を施した in は，trust in ～ で「～に対する信頼，～を信じること」という意味関係を表すので，in を「～において，～の中で」などと訳しては意味がまったく通じない。したがって訳文は「…現代人は，自分自身の思考力に対する信念を彼から奪おうとする目的に向けられた諸種の影響を受けている」のように改められなければならない。

誤りは翻訳の常

昔も今も，翻訳に誤訳はつきものである。つきものといっても，もちろん，その程度はさまざまである。各ページにぞろぞろというのもあれば，全巻を通じてほんのちらりほらりというのもある。はっきり言えることは，幾つかの誤訳そのものが，その翻訳の質を左右することはない，ということである。

たとえば，定評の名訳に「ファニー」(*Fanny*)（柳瀬尚紀訳）がある。「飛ぶのが怖い」で日本の読者にも広く知られるようになったアメリカの女流作家エリカ・ジョング (Erica Jong) の楽しい力作である。この原作にこれ以上の翻訳は望めないと思われる美事な訳業であるが，これにも，もちろん，誤訳は幾つかある。たとえば:

…… Beauty creates as many Woes as it bestows Advantages (not the least of which is the Envy of other Women) ……

（下線は引用者。以下同じ）

……美貌は利を授けてくれるのと同じくらい（このなかにはほかの女の羨望(せんぼう)はこれっぽちもはいっていません），多くの災いを惹き起す……

〔直訳〕 ……美貌は利を授けるのと同じくらいに多くの不利を生み出す（そのなかで最小でないもの［→その最たるもの］はほかの女の嫉妬(しっと)なのです）……

《注》 not the least は「最小でない」の意から「かなり大きい」「とりわけ大きい」の意に通じる表現である。

〔169 ページ参照〕

また，たとえば，作家と英文学者が協力して訳文の完全を期した定評訳に「酒について」(*On Drink*)(吉行淳之介・林節夫訳)がある。機知に富んだ独特の才筆によって知られるキングズリー・エイミス(Kingsley Amis)による酒談義であるが，この，英語的に言えば，“語学的正確と文学的芳醇が幸せに結婚している”訳業にも，やはり誤訳はある。たとえば：

What about those who drink, not to cease to be totally sober, but to get drunk?

まじめくさっているのは熄めにはなるが，泥酔してしまう人たちのことはどうなんです？

〔直訳〕　まったくの素面の状態でいるのをやめるためにではなく，酔っぱらうために酒を飲む人たちのことはどうなんです？

《注》　不定詞は『結果』的に訳して差し支えない場合もあるが，ここは「社交的な場で人と打ちとけるために飲むのではなく，(ときには独りで)酔っぱらうために酒を飲む」人々のことを指し，飲酒の動機について述べているので，「～するために」という，ふつうの『目的』を表す不定詞の形式で訳さなければならない。

そしてもう一つ。英国の推理小説界を代表し，『死の味』(*The Taste of Death*)やここで例を引く『原罪』など数多くの名篇で知られるP.D.ジェイムズの，数々の作品の翻訳を手がけ，原作の重厚な作風と精緻な叙述や文学的な味わいを端正な訳文で伝える，定評ある名訳者の訳業からお借りする。

The contents of the desk confirmed what Dalgliesh had suspected. Here was a woman who lived for her work. Take that away and what had she left?

——P. D. James: *Original Sin*

机の中身はダルグリッシュの予想を裏付けた。カーリングは仕

事に生きた女性だった。仕事以外に彼女が残したものがあったろうか。　（青木久恵訳）

〔直訳〕　…仕事を取りあげてしまえば，彼女に何が残っただろうか。

《注》　what had she left? は一種の修辞疑問であり，裏を返せば，she *had left* nothing（彼女は何も残さなかった）ではなく，she *had* nothing *left*（彼女には何も残らなかった）である。　〔233ページ参照〕

以上の文学系の文に対し，社会学系の例を一つ。『不確実性の時代』（*The Age of Uncertainty*）などによってなじみの深い米国の経済学界の重鎮 J. K. ガルブレイスの，20世紀末の著述『よい世の中』より，「共訳＋監訳」の形をとった翻訳の例としても，引かせていただく。

Nothing ... so comprehensively denies the liberties of the individual as a total absence of money.

—— J. K. Galbraith: *The Good Society*

無一文になるのと同じように，個人の自由は完全に否定されてしまうのである。

（佐々木直彦・純子訳，堺屋太一監訳）

〔直訳〕　全く金がないことほど，個人の自由を広範囲にわたって否定するものはない。

《注》　Nothing is so ~ as ...（…ほど～であるものはない）

これらの訳例は，誤訳の遍在性を示すものであって，すぐれた訳業自体の価値を毀損するものではない。反対に，誤訳が目立ち，誤訳の存在が翻訳の不良な質の指標になる場合もある。読者にはこの辺の判別はできず，誤訳をただちに語学力の欠落と結びつけがちなので，なんらかの迷惑が及ぶことを避け，本書では出典を示さないでおく。

擬似誤訳と正真誤訳

「誤訳」という言葉の適用範囲は論者によってかなり異なる。かなりどころか，なかには本物の誤訳から文句が出そうな，その名に値しないものまでが誤訳呼ばわりされることがある。

しばらく前になるが，ある新聞に，誤訳に関する投稿記事が載っていた。ある訳書を引き合いに出し，500箇所以上の誤訳がある，と断罪し，たとえば，と例があげられていた。

≪その1≫

Gelfand held out his hand tentatively.

〔誤訳〕（すなわちその翻訳書の訳）「ゲルファンドは試験的に手をさし出した」

〔正訳〕（すなわちその投稿者の訳）「ゲルファンドは恐る恐る手をさし出した」

≪その2≫

（この例の前に，投稿者は「続いて同じページに5,6カ所誤訳がありますが，その中でも噴飯ものは次の訳です」と述べておられる）

Gelfand's face split into parts.

〔誤訳〕「ゲルファンドの顔はいろいろなパートに分裂した」

〔正訳〕「ゲルファンドの顔は顔の造作がちぐはぐになった」

訳者にとってははなはだ迷惑な言いがかりであるが，これらの例は，もちろん誤訳と呼ぶべきものではなく，また悪訳でも拙訳でもない。訳者がその文脈において，自分の文体観から，最もふさわしいと考えた，一つの訳し方であり，一つの正訳である。もちろん，他に多くの別訳が可能である。

たとえば，≪その１≫では tentatively の訳し方が俎上にのせられているが，この語が他の翻訳でどのように訳されているか，幾つかの例を見てみよう。

① "I see," I said tentatively.

——Kurt Vonnegut, Jr.: *Welcome to the Monkey House*

「なるほど」わたしは一応訊いてみた。

② Tentatively Bruce took a breath.

—— Robin Cook: *Godplayer*

ブルースは恐る恐る息を吸ってみた。

③ … a conclusion he tentatively arrived …

—— Gay Talese: *Thy Neighbor's Wife*

…彼が試験的に到達した結論…

④ With his free hand he waved away some tentative onlookers.

—— Malcolm Lowry: *Under the Volcano*

あいたほうの手で，どうなることかと見守っている連中をわきにどけた。

⑤ … an attractive, tentative smile …

—— Irving Wallace: *The Almighty*

…魅力的なおずおずした微笑…

"誤訳"という烙印を押された「試験的」にという訳語が，他の訳者によっても用いられており，それが多くの正訳の一つであることがわかる。

≪その２≫についても，人によっては〔誤訳〕のほうに，より生き生きとした描写性を認めるかもしれない。この文は，たとえば，次のような文を参考にして訳すこともできるだろう。

① 瀬戸内晴美の『妬心』のなかの「娘の顔がはじめてばらばらに崩れ…」

② David H. Lawrence の短編 *The Primrose Path* のなかの … she exclaimed, her face crumbling up with fear (…と彼女

は叫び，顔が恐怖でばらばらになった——梅田昌志郎訳）

つまり「誤訳」とは，原文の語句・構文や意味内容についてのはっきりと誤った解釈に由来するものをいうのであって，訳語の主観的選択の適否といった次元のものではない。たとえば，

Most of them grinned awkwardly, shuffled.
—— Anthony Burgess: *The Wanting Seed*
警官の大半は，うすきみ悪いにたにた笑いを浮かべ，だらしないかっこうをしていた。

において，awkwardly はふつう「きまり悪そうに」であって，これを「うすきみ悪い」と訳すのは，一般的にはかなり無理である。また grin も，あとに付記するように，「にたにた笑い」という訳が当てはまるのは比較的まれであり，この下線部は，ごく標準的には「てれかくしににやっと笑った」ぐらいが無難な訳ということになる。したがって，上の翻訳文は，主観的潤色の程度が高く，原文の意味からややずれているので，人によってはこれを誤訳ときめつけるかもしれないが，本書ではこの種の，いわば擬似的誤訳とでも呼ぶべきものは対象とせず，“ほんもの”の誤訳のみを扱う。

上に触れた grin という語は，なかなかの曲者で，よく翻訳者を手こずらせる語の一つなので，ここでスペースを割いて補述しておく。
ちなみに，手もとのやや古い大辞典（三省堂英和大辞典，1928年刊）では grin の項には

「歯ヲムキ出シテ笑ヒ・怒リ又罵（ノジ）ル，ニヤニヤ笑フ」

と記されており，この「にやにや笑う」が，大部分の辞書が示す，この語の代表的な訳語になっていた。最近の辞典の例を示せば：

「(歯を見せて声を立てずに）にこっと（にやっと）笑う」
（旺文社　LEXIS 英和辞典，2002年刊）

英英辞典（*Longman Dictionary of English Language and Culture*, 1998）では，grin の名詞の定義は

a wide smile which usually shows the teeth

となっていて，「歯を見せて」というのがこの笑いの主な特徴であることが確認されるが，訳し方によってニュアンスに大きな開きを生じる。修飾語句を伴って具体的な笑い方が示される場合も多いが，単独では，従来の多数派である「にやにや笑う」よりも，「にこっと（にっと）笑う」に類した訳のほうが，この語のニュアンスがぴったり伝わる場合が多い。「親しみ」や子供などの場合は「愛くるしさ」などを感じさせることもあり，したがって，「歯をむき出して笑う」や「にたにた笑う」といった訳は，grin の語感をややゆがめて伝えることになる。次に，訳例を（適訳でないものを含め）幾つか示しておく。

① She turned to see Emlyn Price.　He was grinning.

—— Agatha Christie: *Nemesis*

ふり返ってみると，エムリン・プライスだった。彼はニヤニヤ笑っていた。

② He ... glanced down with a grin of amusement from his peak.

—— Frank O'Connor: *My Oedipus Complex*

とうさんは…にこにこしてはるか頭上から，僕を見降ろしているだけだった。

③ He grinned again.　—— Irving Wallace: *The Almighty*

彼はまたにっと笑った。

④ Murugan grinned triumphantly.　—— Aldous Huxley: *Island*

ムルガンは勝ちほこったように歯をむき出した。

⑤ He grins then.　Judith Guest: *Ordinary People*

そう言ってにっこり笑う。

⑥ The Ivory Grin　—— Ross Macdonald: *The Ivory Grin*

象牙色の嘲笑（書名）

誤訳と悪訳

誤訳と悪訳の区別についての認識は，論者により必ずしも一定しないが，ここでは

「誤訳」とは，原文についての（語句・構文・文法・内容などの面における）解釈が間違っていて，それが原因で生まれる訳文，

「悪訳」とは，解釈そのものは正しく行われていても，訳文を通して原文の内容の正しい理解に到達することが困難なもの，

としておく。つまり，「誤訳」は解釈の誤りに由来し，「悪訳」は表現の欠陥にかかわる。この欠陥にも，いろいろな種類があるが，典型的な例を一つだけ見ておく。

I　The aim of the guidelines

The aim of these Guidelines is to create a solid basis for more effective and credible U.S.-Japan cooperation under normal circumstances, in case of an armed attack against Japan, and in situations in areas surrounding Japan.

—— The Guidelines for U.S.-Japan Defense Cooperation

I　指針の目的

この指針の目的は，平素から並びに日本に対する武力攻撃及び周辺事態に際してより効果的かつ信頼性のある日米協力を行うための，堅固な基礎を構築することである。

1997年9月24日に公表された「日米の新防衛協力指針」（新ガイドライン）の，入念な配慮と検討が加えられたはずの，冒頭の文章である。公表されてただちに「悪文」の定評を得たが，たとえば下線部の日本語は，英文と対比することなしに，その構造・意味を理解することは困難である。

英文では cooperation を修飾する三つの形容詞が “A, B, and C” の形で並べられ，この点に関しては（つまり，situations の意味・用法などは別として）あいまいさはない。

これに対し，日本文のほうは，読点を用いないで「並びに」と「及び」によって三つの要素が結びつけられているが，その等位的な（=coordinate）修飾関係は，一読して（あるいは再読，3 読しても）判然としない。とりあえずは，次の二通りの解釈が可能である。

①　(A) and (B)

（平素から）並びに（〈日本に対する武力攻撃〉及び〈周辺事態〉に際して）

②　(A) and (B) and (C)

（平素から）並びに（日本に対する武力攻撃〔に際して〕）及び（周辺事態に際して）

もし，たとえば英文和訳の課題文として下線部の訳を求められたとすれば，期待された訳文の一例は，やはりA，B，Cの三要素の並列関係が理解されているということが採点者によって直ちに認められる，次のようなものだろう。

> 「（この指針の目的は）普段の状況において，また，日本に対して武力攻撃が加えられた場合，および，日本周辺の地域において事態が生じた際に（日米協力がより効果的かつ確実に行われるための堅固な基礎をつくりだすことにある）」

悪訳を生み出す原因はさまざまであるが，この場合，それが関係者の英語力の欠陥ではありえない。おそらくは，特別な配慮——たとえば，外交文書としての “respectability”（体裁，“かっこ”）に対するこだわり——が，平易で意味の通りやすい訳文ではなく，官庁的な装いを整えた（と当事者が考える）表現を選ばせたのであろう。

日本語の「悪文」と同じく，「悪訳」もその考察は多岐にわたらなければならないが，ここでは，本書では扱わない「悪訳」の例示にとどめる。

翻訳と英文和訳

翻訳は英文和訳の一つの形であり，本質的な作業の内容においては両者相重なるが，実践的にはむしろ対照的に隔たる。たとえば，翻訳が“英文和訳的”にならないように戒めるその道の達人も多い。

通念としては，「英文和訳」は学習や授業や試験などと関係があり，原文を読みとり，日本語で表現するという二つのことができることを訳文で示さなければならないが，「翻訳」では表現の面でつじつまが合っていれば読者という採点者からいちおう合格点がもらえる。英文和訳では原文との対応が重んじられるが，翻訳では訳文の自立性が尊ばれる。英文和訳は文法にこだわりたどたどしく直訳的，翻訳は流ちょうで意訳的（“超訳”なる手法も包摂する），といった一般的な印象も強い。

しかし大切なのは，やはり，両者に共通すべき要素である。原文尊重の基本をくずさないで，直訳と意訳のバランスをとる。日本語として自然な，意味の通りやすい表現を前提として，原文の文体や味わいを生かし，個性的な工夫も加える。“こなれた”訳にもっぱら意を用いる“翻訳的”な名訳もときに恣意的な誤訳と紙一重であり，原文の一字一句に忠実な“英文和訳的”な正訳も悪訳と隣り合わせている。

次に，参考までに，英文和訳の指導などであまりに“直訳的”として避けるようにすすめられることの多い表現形式が，日本人の文筆家の文章のなかに用いられた例をいくつか示しておく。

●無生物主語

① しかし彼の視力の<u>減退は</u>，年よりも若々しい女の肌に，往年の妻妾のひとりを見出すことができなかった。

―― 中村真一郎『艶なる宴』

●不定詞

② 規範どおり書くことは化石化する方向にひたすら進むことだ。

—— 井上ひさし『自家製文章読本』

(*cf.* To ～ is to ～.「～すれば必ず～することになる」)

●動詞

③ 先生は奥さんに熱心な聴き手を見出した事を満足に思った。

—— 芥川龍之介『手巾』

(*cf.* ... she *found* in Mr. Casaubon a listener who understood her at once... —— George Eliot: *Middlemarch*)

●代名詞

④ ながい間の試行錯誤を通じて蓄積された中国の伝統的医術の水準が，極めて高かったのは，一つの事である。中国においてやがて，クロード・ベルナールの出現する条件があったかなかったかは，また別のことである。 —— 加藤周一『夕陽妄語』

(*cf.* one thing～another「…と～とは別のこと」)

●成句

⑤ さて最後に，しかし最少にではなく，まことに意外だったのは… —— 中野好夫『人は獣に及ばず』

ほんの一部の例を示したにすぎないが，英語の直訳体が一つのスタイルとして用いられていることがわかる。

次にまた参考までに，非辞書的な独創訳，つまり，辞書に出ている訳語を用いない非直訳的ないしは非逐語的な翻訳の例を示してみる。達意の名訳なのか，逸脱的な迷訳なのか区別しにくいものもある。

●名詞

① You could have used a dose of my brother.

—— Irwin Shaw: *Five Decades*

きみにぼくの兄貴の爪の垢でも煎じて飲ませてやりたいよ。

② ... as it was, he was a village carpenter

—— Samuel Butler: *The Way of All Flesh*

ところが実状は，一介の大工風情になったわけだが…

③ You are a hopeless liar.

―― Kingsley Amis: *Jake's Thing*

嘘をつけばあなたはいつも顔に出るから。

●代名詞

④ Everyone was going to be a great writer.

―― Doris Lessing: *The Golden Notebook*

猫も杓子もみんな作家志望だったとはね。

⑤ ... who was the quiet type but who knew everything

―― Mary McCarthy: *The Group*

この娘はおとなしいタイプだが，噂にかけては地獄耳である。

●形容詞

⑥ Don't be crude and literal.

―― Muriel Spark: *Not to Disturb*

そうずけずけと，身も蓋もない言い方をするもんじゃないわよ。

⑦ That's rich.

―― John Wain: *Hurry On Down*

そりゃ傑作だ。

●動　詞

⑧ You just sit around and talk.

―― Edward Albee: *Who's Afraid of Virginia Woolf?*

ブスッとしてすわったきり，シンネリムッツリ。

⑨ Corde had watched her rattle through the glassy pages.

―― Saul Bellow: *The Dean's December*

コルドは彼女がツルツルしたページをガサガサ音を立てながらめくるのを見ていた。

（このような「ツルツル」「ガサガサ」といった擬音語や擬態語は翻訳の一技法として多用される）

●副　詞

⑩ Mother Sanchez recruited them early.

—— Graham Greene: *The Honorary Consul*

サンチェスばあさんは女の子たちを青田のうちに刈ったのである。

⑪ They kissed deeply.

—— Bernard Malamud: *Dubin's Lives*

二人は舌をからませてキスをした。

●副詞句

⑫ That night, for some reason or other, she pretended to be jealous.

—— Henry Miller: *Nights of Love and Laughter*

その夜は，どういう風の吹きまわしか，彼女はやきもちを妬く素振りをした。

⑬ I'm not an Enlightenment Leader for nothing.

—— Muriel Spark: *The Driver's Seat*

だてに啓蒙普及リーダーになってるわけじゃないんだ。

⑭ I have been ill for years.

—— Doris Lessing: *The Grass is Singing*

体が悪いのは今に始まったことじゃないわ。

⑮ I suddenly felt quite overcome with weakness and misery.

—— Margaret Drabble: *The Millstone*

わたしは，とつぜんへなへなと崩れそうな情ない気持に襲われた。

最後に，翻訳が，原文に対する語句単位の忠実な対応という拘束から，どの程度自由でありうるかという例を，数多くの訳業をもつ翻訳家の訳書より，一つだけ示しておこう。

The 1941 war had affected him little for he was over forty and his employers claimed that he was indispensable. But he took up German —— he had a German grandmother —— because he thought that one day this might prove useful, and that was the only new thing that happened to him between 1941 and 1945. —— Graham Greene: *The Tenth Man*

一九四一年，アメリカ合衆国が参戦したが，彼の生活には何の影響も与えなかった。年齢が四十の坂を越えているので，兵役問題に煩わされることがなく，また彼の将来については，会社の重役たちがみな，この男はわが社に欠くべからざる優秀な販売員だと認めてくれているので，心配することは少しもなかった。そのような彼に憂慮すべき一身上の問題が生じた。彼の祖母がドイツ人だったのだ。しかし彼は，苦しい立場におかれながらも，ドイツ側の支持者であるのを公言してはばからなかった。以上が，一九四一年から四五年までのあいだに，彼が経験した厄介な政治情勢だった。（宇野利泰訳）

参考までに，この英文は英文和訳的に直訳すれば，次のようになる。

1941年に始まった戦争は彼にほとんど影響を及ぼさなかった。というのも彼は40を越していたし，彼の雇い主も彼が会社にとってぜひ必要な人間であると申し立てたからである。しかし彼は，いつか役に立つこともあるかもしれないと考えて，ドイツ語の勉強を始めた——彼にはドイツ人の祖母がいた——が，これが1941年と1945年のあいだに彼の身に起こった唯一の新しいことだった。

なお，この翻訳文では，たまたま，take up の意味が誤解されているが，この take up は次のような例と同じ用法のものである。

When she had returned from Rome she swore off smoking and had taken up Yoga.

—— Bernard Malamud: *Dubin's Lives*

ローマからもどったとき，彼女は誓いを立てて禁煙し，ヨガを始めていた。

PART 2

1 名　　詞

1

〔例〕 Vanity is one of those touches of Nature that make the whole world kin. From the Indian hunter, proud of his belt of scalps, to the European general, swelling beneath his row of stars and medals; from draggle-tailed little Polly Stiggins, strutting through Seven Dials with a tattered parasol over her head, to the princess, sweeping through a drawing-room, with a **train** of four yards long.

虚栄心は全世界の人を同類にする人情の一つなのだ。頭皮の帯を自慢にしている北米土人の狩人から，ずらりと勲章やメダルをつり下げて内心得意になっているヨーロッパの将軍まで——ぼろぼろの日がさをさして，セブン・ダイアルの貧民街を気取って流し歩くお引きずりのかわいいポリ・スティギンズから，千ヤードも続く**お伴**を従えて堂々と広間をお通りになる王女まで。

▩解説　train は「つながって続いているもの」だから，「列車」でもあり「お伴の列」の場合もある。原文は「4 ヤード」(1 yard は約 91 センチ) が「千ヤード」に引き伸ばされているのは「4」と「千」の形が似ていることに起因する誤植であるのかもしれない。それはさておき，この train は「(ドレスの) すそ」を意味する場合であり，「ドレスのすそを 4 ヤードも後に引いて広間を通っていくお姫さま」のことを述べている。

◈参考　この“長い train”が世界の話題となったのは，英国皇太子の“世紀の結婚式”における花嫁のウエディングドレスであるが，いったいどれくらい長かったのだろうか。“Newsweek”の一節を引用しておく。

Prince of Wales, 32, and Lady Diana Frances Spencer, 20, was the “stuff of which fairy tales are made.“ She was a bride of nonpareil

luminance, wreathed in ivory tulle and trailing a 25-foot silken **train.**
(32歳の皇太子と20歳のダイアナ嬢はさながらおとぎ話の花婿・花嫁であった。彼女は象牙色のチュールをまとい，25フィートの絹のもすそをなびかせ，この世のものとも思えぬ美しさに輝く花嫁であった)

1 foot は約30センチで，この train はおよそ7.5メートルの長さであったわけだが，そのダイアナ妃はすでに亡く，世紀も移った。

2

〔例〕 He was aware that the sun shone brightly, the sky was blue, but the big swell of the apartment house, heavyweight vaselike baroque, made him feel that the twelfth-story room was like a **china** cabinet into which he was locked, and the satanic hen-legs of wrinkled yellow clawing his papers made him scream out.

太陽はさんさんと輝き，空は蒼い色を見せているとわかってはいても，重量級の花瓶のようなバロック様式のアパートの広大なひろがりのおかげで，十二階の部屋は**中国製の**用簞笥そのままで，自分はその中に閉じこめられているような気持ちに襲われたし，しわのよった黄色の悪魔的な鶏の脚が自分の書類をひっかいたりしていると，彼は悲鳴を上げさせられもした。

解説　china は大文字で始まる場合はもちろん固有名詞で「中国」を表すが，小文字のときは「陶磁器；瀬戸物」の意である。したがって a *china* cabinet とは a cabinet for storing china, すなわち，瀬戸物類を収めたり陳列したりしておく食器戸だなのことであって，a china closet と言うこともある。

参考　例を一つ示しておく。

Hatty was putting out two more cups from a **china cabinet.**

—— Graham Greene: *Travels With My Aunt*

ハティは瀬戸物を入れた戸だなからあと二つカップを取り出していた。

●**china figure**（陶器の人形）が舞台道具の主役を演じる名作がある。クリスティの "And Then There Were None"（そして誰もいなくなった）で，10個あった china figure が，殺人が行われるたびに，一つずつ消えていく。

◆**注意**　China に対して，Japan が小文字で始まる場合は「うるし；漆器」を表す。ところで，国名を表す語を用いた興味深い表現も多いが，代表的なものをいくつか示しておく。

(1) He took **French** leave.（彼は［客に招かれておきながら主人に］挨拶しないで帰っていった）

(2) **Dutch** treat（割り勘の食事）/ Let's go **Dutch**.（割り勘にしよう）

(3) It's **Greek** to me.（それは僕にはさっぱりわからない）

(4) **Indian** summer（小春びより）

オランダは植民地時代に英国が覇を争った相手であったために，好ましくないものはすべて "Dutch" 呼ばわりされたが，その名残の例：

Dutch courage（酒でつけた空(から)元気）

I'm a **Dutchman** if I do.（［もし僕がそんなことをすれば僕はオランダ人だ→］断じてそんなことはしない；まっぴらごめんだ）

また double Dutch というのもある：

It was all, at any rate, **double Dutch** to me.

—— Agatha Christie: *Curtain*

とにかく彼女の話は私にはちんぷんかんぷんだった。

3

〔**例**〕 I sat down on a bar-stool and faced the room. I did this so that I could look at the women. I settled back with my shoulders against the bar-rail, sipping my Scotch and examining the women one by one over the rim of my **glass**.

わたしはバーのスツールに腰をおろして部屋のなかを向いた。女たちを観察するためである。カウンターに背をあずけて，スコッチをちびちびやりながら，眼鏡の縁ごしに女たちを一人ずつ品定めした。

■**解説**　glass は「ガラス」「グラス」「眼鏡」などの代表的な意味があるが，

「眼鏡」の意では spectacle*s* の場合と同じく [eye-]glass*es* という複数形で用いる。ここでは単数形であるので「眼鏡」の意味は成り立たず，**「グラスの縁ごしに」**でなければならない。

◆**参考**　「眼鏡」の場合の例をあげておく。

The Reverend now looks over his **glasses** at the tape-recorder. 'What's that?' he says. ——Muriel Spark: *Not to Disturb*

牧師はここで眼鏡ごしにテープ・レコーダーに一べつをくれる。「なんだねあれは？」と彼は言う。

◆**注意**　rim はいろいろなものの「縁(ふち)」を指し，もちろん眼鏡の縁にも用いる。その例を一つ。

He took off his round, wire-**rimmed** glasses and rubbed his eyes.

——Robin Cook: *Godplayer*

彼は円い，細縁の眼鏡をはずし，目をこすった。

4

〔例〕 He lived ... in a fine house ..., which he had left to the school in his **will**.

彼は…美しい家に住んでいた。この家は彼の**意志**で学校に寄贈したものだった。

▩**解説**　「自分の意志で」という意味ならば前置詞は by でなければならない。*in* one's will の場合は「遺言で」の意であり，校長である“彼”は，自分が死ねば，住んでいる邸宅が学校に寄贈されることになることを，あらかじめ遺書に記していたのである。

◆**参考**　同じ will の誤訳例：

She had been amazingly altered, they felt, by a course in Animal Behaviour she had taken with old Miss Washburn (who had left her brain in her **will** to Science) during their junior year.

同窓生たちの観察では，彼女がおどろくほどの変わりようを見せたのは，3年のときウォッシュバーン先生の（このひとは自然科学に一身を捧げた老嬢だった）動物心理学の講義に出た頃からのことだった。

◎下線部は，「遺書で自分の脳を科学に寄贈していた」，つまり彼女が死後自分の頭を解剖に付してもらってもよいことを遺書に記していたことを述べている。

5

〔例〕 Time and experience have demonstrated pregnancy as the single **health** condition which is best left to nature alone.

長い時間と経験が，妊娠は自然のままに放置するのが最も望ましい健康な状態であることを教えております。

解説　名詞が名詞の前に置かれて，後の名詞を修飾することがよくある。

a *love* story「恋物語」

science fiction「空想科学小説」

このような「名詞＋名詞」の表現と「形容詞＋名詞」の表現は，たとえば次のような場合において，意味の違いを正しく区別しなければならない：

- **violence** measures（名＋名）「暴力対策」
- **violent** measures（形＋名）「過激な対策」

◎上の〔例〕も「名詞＋名詞」の場合で，これは「形容詞＋名詞」の場合とはっきり区別される：

- **health** condition「健康［の］状態」
- **healthy** condition「健康な状態」

◆**注意**　次のような例についても，両者の違いを区別しておかなければならない。

- **family** name「姓，名字」
- **familiar** name「なじみ深い名前」

- **intelligence** test「知能テスト」
- **intelligent** test「気のきいたテスト」

- **confidence** man「詐欺師」
- **confident** man「自信たっぷりの人」

{ **gold** medal「金メダル」
golden age「黄金時代」

{ This is a **blood** test.（これは血液検査です）
This is a **bloody** test.（これはひでえテストだ）

●なお，次のような「所有格＋名詞」の表現との区別も正しく。

{ a **boy** friend「男友だち」
the **boy's** friend「少年の友だち」

{ the **mother** cat「お母さんねこ」
the **mother's** cat「お母さんのねこ」

6

〔例〕 I'd sent the girl home just after lunch. She wasn't well. Off colour. (Having a **period**, thought Peter with certainty.)

あの子は昼食のあと，すぐ帰らせたんだよ。彼女は体の具合がわるくて，顔色もよくなかったからね。(これで**一巻の終わり**だとピーターははっきりそう思った)

解説　period は「終止符」の意があるので，文脈によっては「一巻の終わり」と訳して差支えない場合もあるが，ここでピーターが確信した内容は，彼女が元気がないのは**「月経(生理)のせいだ」**ということである。

7

〔例〕 He was in an ambulance shrieking through the jungle itself, racing uphill past the timberline toward the peak —— and this was certainly **one way** to get there —— while those were friendly voices around them, …

救急車に乗せられて，密林の中をサイレンを鳴らしながら，樹木限界線を突っ走って頂上へと向かっているのだ――**これこそそこにたどりつく道だ**――まわりになつかしい声がする。

▩**解説**　way には，いうまでもなく，「道」のほかに「方法」という意味がある。one も the がつかないかぎりは，単に「一つの」の意味を表す。この下線部は，ふつう頂上に達するには，足で登るのがふつうであるが，「たしかにこれも（＝救急車で運ばれるというのも）頂上に達する一つの方法だ」ということを述べている。

◈**注意**　one ～ はただ「一つの～」の意であるが，the one ～ と the がつけば「唯一の～」の意を表す。

This is **one** way to do it.（これはそれをする一つの方法だ）

This is **the one** way to do it.（これこそがそれをする唯一の方法だ）

◈**参考**　(a) way が「方法」を表す場合と，(b) one に the がついた場合の例を，それぞれ文学作品から引いておく。

(a) Now he realized he had been shot. He fell on one knee, then, with a groan, flat on his face in the grass. "Christ," he remarked, puzzled, "this is a dingy **way** to die."

――Malcolm Lowry: *Under the Volcano*

今彼は自分が撃たれたことを悟った。片ひざをついたかと思うと，うめき声とともに，草むらに突っ伏した。「ちくしょう」と彼は当惑したように言った。「これはまたうすぎたない死に方だな」

(b) **The one** thing that matters with children is to be consistent.

――Angus Wilson: *Anglo-Saxon Attitudes*

子供たちを相手にした場合に大切な唯一のものは，首尾一貫した態度なのよ。

8

〔例〕 Thinking of all this for the hundredth time he nearly ran into a stationary black Mercedes which was parked round the corner on the main road. He assumed that the dark-clothed figure **at the wheel** was taking a rest on the long drive from Valencia to Madrid ...

そのことばかりを百回も考えているうちに，いつか愛車は街道にたどりついていた。そして，そこの角を曲がりかけて，駐車中の黒塗りのメルセデス・ベンツにあやうく衝突するところだった。**車のわきで，**ダーク・スーツ姿の男が休息をとっていた。彼はその男を見て，バレンシアからマドリードへの長い道筋を走って来たので，ひと息入れているところだなと思ったが…

▨**解説**　wheel には「車輪」と「(船の)舵輪，(車の)ハンドル」の意がある。この翻訳では，「車輪」の意にとり，「車輪のところにいる→車のわきで」と解しているが，the man at the wheel といえば，車の場合は「ハンドルを握っている人，運転している人」にきまっている。上の文でも「運転席にいる黒っぽい服を着た人」を意味している。

◈**参考**　同じ wheel が，at 以外の前置詞と用いられた例と，動詞の目的語になっている例とを示しておく。

He bent over the wheel, driving nervously, with an excess of care.

——Irwin Shaw: *Where All Things Wise and Fair Descend*

彼はハンドルの上にかがみこむようにして，おどおどと，過度に慎重に運転した。

Father Quixote insisted on taking the wheel. 'Rocinante has certain tricks of her own which only I know.'

——Graham Greene: *Monsignor Quixote*

キホーテ神父は自分が運転すると言ってゆずらなかった。「このロシナンテには，私しか知らないくせがあるのでね」

◉ちなみに，セルバンテスの名作『ドン・キホーテ』で，主人公である，かの遍歴の騎士がうちまたがる愛馬ロシナンテは“やせこけた，ひょろひょろのみすぼらしい，首をたれた，背中のとがった，骨の突き出た” (lean, lank, meagre, drooping, sharpbacked, and raw-boned) 名馬(?)であったが，この騎士の末裔(まつえい)に擬せられる現代スペインのキホーテ神父がハンドルを握る愛車ロシナンテは，８年前に中古で買い，すでに教区民からはポンコツ視されている，いわば“よぼよぼの”小型車である。

9

〔例〕 To the poet the world appears still more beautiful as he gazes at flowers that are doomed to wither, at **springs** that come to too speedy an end.

詩人にとっては，やがてしぼむ運命にある花や，あまりにも早くかれてしまう泉をながめるとき，世の中が，さらにいっそう美しく見えるのである。

解説 川は汚染し，海は濁り，大気は排ガスで充満する公害時代にあっては，『泉』もたちまち涸れ果ててしまうというのが自然なイメージであるかもしれない。しかし，この文が書かれた頃まではまだ，泉はこんこんと湧きでて尽きぬもの，という通念はまだ生きていた。やはり，あまりにも儚(はかな)く終ってしまうものは『春』と解するのが，適当であろう。せめて泉は，いつまでも涸れないでほしい。(因みに，公害告発の先駆的名著として知られるカーソン女史の“*Silent Spring*”も“沈黙の「春」”であって，萌えいずるべき生命がひっそりと死に絶えてしまった世界を象徴している)

10

〔例〕 A bank manager is expected to pay his last respects to every old client who is not as we say ‘in the red’, and in any case I have a **weakness** for funerals. People are generally seen at their best on these occasions, serious and sober, and optimistic on the subject of personal immortality.

銀行の支配人ともなると，いわゆる「赤字預金者」以外の古いおとくいにはあくまでも敬意を表さねばならないのだが，何はともあれ私は葬式が**にがて**だった。こうした厳粛かつ真面目きわまる場合，みんなはたいてい一帳羅を着用して，人間不滅の問題をのほほんと話したりする。

▒解説　下線部の have a weakness for は「～がにがて」なのではなく，「～が非常に好き，～に目がない」なのであって，この weakness は fondness に近い。

I have a **weakness** for sweets.（僕は甘いものに目がない）

ただ，「大好き」といっても weakness は「弱み，欠点」の原意を帯び，「自制できない後ろめたさ」を伴うことになる。この場合も，対象が「葬式」なので，「あまり感心すべきことではないが」という気持を伝えている。

◎ 4行目の **at** their best は「最もよい状態にある」の意であって，「一帳羅を着用して」いるのではない。「着用」を示す前置詞は in である。

(1) She is **at her best** in the morning.

(2) She is **in her** (Sunday) **best**.

(1) 彼女は午前中が**一番調子がいい**。

(2) 彼女は**晴れ着を着て**いる。

best の前が one's でなく the であれば，また意味が異なる。

(3) She is a tomboy **at** (**the**) **best**.

(3) 彼女は**よく言っても**おてんば娘といったところだ。

77

〔例〕 Suppose that Hitler's programme could be put into effect. What he envisages, a hundred years hence, is a continuous state of 250 million Germans with plenty of **'living room'** (i. e. stretching to Afghanistan or thereabout), a horrible brainless empire in which, essentially, nothing ever happens except the training of young men for war and the endless breeding of fresh cannon-fodder.

ヒットラーの計画が実現したとしてみよう。彼が百年後に画策しているのは，広い「居間」を持った2億5千万のドイツ人が住む，ひとつづきの国である（その「居間」はアフガニスタン周辺あたりまでひろがる）。それは戦争のための青年の訓練と，砲弾の餌食(えじき)となる人間を無際限に産ませる以外本質的には何もしない，恐るべき，愚かしい帝国である。

▩解説　room は不可算名詞では「余地，場所，空間」の意である。したがって，修飾語がついた場合も，不定冠詞の有無によって「部屋」か「余地」かの区別がなされなければならない。

{ *a* spacious **living room**（広々とした居間）
{ plenty of **living room**（たっぷりした生活空間）

下の場合は living *space* と同じである。

◈注意　次の場合も同様に区別される。

{ sitting **room**（座る場所）
{ *a* sitting **room**（居間，茶の間）

したがって「うしろの席には三人座れる」ならば，

There's **room** for three on the back seat.

ということができるし，

Standing **room** only.

といえば，座席は満員で，「立見席だけ」の意である。

12

〔例〕 The study of war has become a discipline with a large **literature** from the point of social science, of law, and of history. War has also figured largely in **literature**, poetry and rhetoric.

戦争の研究は，社会科学や法律や歴史の観点からみると，大きな文学の一分野になっている。戦争はまた，文学や詩や雄弁術に，大きくクローズアップされている。

▩解説　二箇所に literature という語が用いられているが，後者は「文学」のままでよいが，前者は「文献」の意で用いられている。すなわち，a large literature は「豊富な文献」のことであり，下線部は「多くの文献のある研究分野」という意味である。

◈**注意**　次のような形容詞の違いによる意味を区別しなければならない。

(a) There is a **large** *literature* relating to this subject.
(b) The country has **great** *literature* of its own.

(a) この問題に関しては多くの文献がある。
(b) この国はこの国自体の偉大な文学を持っている。

それでは **drinking** literature はどちらであろう。これもやはり「酒飲み文学；酔いどれ文学」などではなく「飲酒についての文献」の意である。定冠詞のついた場合の例を一つ:

"You know all about its side effects ..., isn't that true?"
"I keep abreast of the **literature.** ..."

——Barry Reed: *The Verdict*

「その副作用…についてはよく御存知ですね」
「文献には一通り目を通しています」

13

〔例〕 Sucking a lemon he took stock of his surroundings. The mescal, while it assuaged, slowed his mind; each object demanded some moments to impinge upon him ...

Save me, thought the Consul vaguely, as the boy suddenly went out for a **change,** help.

レモンの汁をすいながら彼はじろじろあたりを見回した。メスカル酒がきいてくるにつれて，気持は和(な)み，鈍ってきた。目に見えるものが一つ一つ彼の心に侵入してくるのに多少時間がかかった。

領事は，少年が急に釣り銭を取りに行ったとき，助けてくれ，とぼんやりそう思った。助けてくれ。

▒**解説**　舞台はメキシコのある酒場。他に客はいない。聞こえるのは，腕時計と心臓の音。それに内心の声。アル中患者の“領事”は，メスカル酒をたて続けに2杯あけ，内心の声を消し，周囲を見回す。バーテンは顔色のさえない子供で，漫画を読んでいる。注文されたメスカル酒がこぼれても，それをふきとるわけでもない。

change は「釣り銭」の意味では不可算名詞で，a は付かない。small change なら「小銭」だが，*a* small change ならやはり「小さな変化」である。

上の **for a change** はきまり文句で「変化のために」すなわち「変化をつけるために，目先をかえて，気分転換に」などの意を表す。go *for a change* of air（転地する）は，作文問題などにもよく用いられる。

この文では，バーテンの少年が，今までバーの中で漫画を読んでいたが，「ちょっと気晴らしに外へ出て行った」ことを述べている。

◈**注意**　最初の下線部について。**while** には，「～するあいだ」という『時』を表す場合と，「～だが；～である一方」という『対照』を表す場合がある。ここでは後者の場合であるから，

「メスカル酒は，彼の心を和ませはしたが，その働きを鈍らせた」

という対照的な意味がはっきり伝わるような訳文にしておかなければならない。

14

〔**例**〕 He told me how you grew an avocado pear from a **stone**.

石だらけの所で，アボカドを栽培したそうね。

▩**解説**　原文のない翻訳だったら特に不審も感じないで読み過ごすだろう。しかし，こうして英語と並べるとだれでも感じるだろう。「石が一つでも石だらけとはこれいかに？」種明かしは stone には「種」の意があるのである。すなわち「種から育てた」わけである。

◈一般に「種」は seed であり，梅や桃などの種が stone，りんごやみかんなどの種は pip という。したがって「実生(みしょう)の」は，種によって grown (*or* raised) from a **seed (stone, pip)** である。

15

〔例〕 He seriously considered marrying her, notwithstanding that he seemed, just now, to be buying a ticket to escape from her. But this was in her best **interests**, too, if he was so confused.

彼女の愛情から逃れようと，乗車券の購入に汗をながしているくせに，彼は彼女との結婚を真剣に考えていた。しかしこの矛盾，この混乱した気持が，彼女の最大の**関心事**でもあった。

解説 interest には「興味，関心」と「利害，利益」の意味があり，後者ではしばしば複数形をとる。たとえば

(a) It is **in** the interest[s] of the students.

(b) It is **of** interest to the students.

と並べてみれば，(a) は「学生の利益になる」であり，(b) は「学生にとって興味がある」の意だとわかる。したがって上の例文も「このこと［彼が彼女から逃れようとしていること］は，彼のこれほど混乱した精神状態を考えると，彼女のためにはかえってよかった」となる。

◈参考 実例を示しておく:

This is not at all in the interests of Atlanta.

—— James Baldwin: *Nobody Knows My Name*

このことはまったくアトランタの利益にはならない。

After walking part of the way in the interests of health, ...

—— Kingsley Amis: *Jake's Thing*

健康のために道のりの一部を歩いたのち…

◈注意 次の空所を完成し，上の文と同義を表すためには下のかっこ内のどちらを選べばよいだろうか。

He watched the game (　　) interest.
He watched the game (interestingly, interestedly).

「興味深げにゲームを見守った」の意で，上には with を入れることができ

るだろう。下はどちらを選んだろうか。interestingly は「(人の)興味を起こさせるように」, interestedly は「(自分が)興味をひかれたように」であるから, 後者が適当である。したがって「おもしろそうな顔をして」も with an *interesting* look ではなく with an *interested* look である。

16

〔例〕 How he doted on his memories! What a funny sensual **bird** he was! Queer for recollection, perhaps? But why use harsh words? He was what he was.

なんと記憶に溺れることか! 官能の鳥! 記憶の惑溺者? だが, 非難されることもあるまい。おれはしょせん, あるがままのおれなのだ。

▩解説 作中人物の, いわゆる「意識の流れ」を描いた文なので,「描出話法」(Represented Speech) などと呼ばれる形式が用いられている。したがって英文で he となっているのを「おれ」と一人称で訳すのは正しい。ところで, bird は「鳥」以外に「人」を表すことがあるが, ここもその場合で, 直訳的には「自分はなんという　おかしな　官能に溺れやすい人間なのだろう」といった意味に解するのがよい。

◈参考 世に比喩表現というものがある。「あいつはダニだ」といえば, これは『隠喩』(Metaphor) だ。「あいつはブタのように貪欲だ」のように like や as ~ as を用いた形式なら『直喩』(Simile [símili]) である。ならば「おれは鳥」であってはいけないのか。「あたしはカモメ」なんて優雅なことを言ったソ連の女流宇宙飛行士だっているではないか。もっともな疑問だが, 一般的には, やはりだめである。He is a queer *card*. これを「彼は変なカードだ」としても「あいつは奇妙なトランプ札だ」としてもだめなように。この card も「人」を表していて「変ったやつ」のことである。同様に fish も人を表すことがある。例を一つずつ示しておく:

God! You're a rare **bird**.

—— Carson McCullers: *Reflections in a Golden Eye*

やれやれ, お前は珍しいやつだな。

Mr Davison was a bit of a **card.**

—— Mary McCarthy: *The Group*

デイビスン氏はちょっと変った人間だった。

The Church has always had its odd **fish.**

—— Angus Wilson: *Anglo-Saxon Attitudes*

教会には昔からいつも変わり者がいた。

2 前 置 詞

17

〔例〕 That impressed me **as** a child.

私，その話を聞いてどういうわけか子供みたいに感動してしまいましたの。

解説 as には前置詞・接続詞の両方の用法があるが，前置詞では「～として」の意であって，「～のように」という意味では用いない。

He worked **as** a slave. (奴隷として働いた)
He worked **like** a slave. (奴隷のように働いた)

as a child は「子供として (He treats me *as a child.* 私を子供扱いする)；子供のころ」の意で，〔例〕では「その話は子供の私に深い感銘を与えた／子供だった私はその話に深い感銘を受けた」といった内容を述べている。

◈**注意** 次のような文について区別を正確に：

(a) He was innocent **as** *a child.*
(b) He was innocent **like** *a child.*
(c) He was *as* innocent **as** *a child.*

(a)「彼は子供のときは無邪気だった」〔as は前置詞〕

(b)「彼は子供のように無邪気だった」 (c)「彼は子供のように無邪気だった」〔as は程度を表す接続詞で，… as a child *is innocent* の略〕

18

〔例〕 I'm afraid she'll get fat, I've watched her eat. In no time at all she'll be slopping around **in** bedroom slippers.

あの女きっと太るわ。あの食べ方じゃ。すぐに寝室のスリッパの上に吐くようになるわ。

▨**解説**　恋敵(こいがたき)についての女のせりふ。説明するまでもなく in は「着用」を示す in である。でぶでぶ太って，家事もろくにせず，「寝室用スリッパをはいてぶらぶらだらしなく過ごすようになる」から，あんな女と結婚するのはおよしなさい，と言っている。

◈**注意**　in は「着る」「はく」「かぶる」その他「身に着けている」ことを表す:

a gentleman **in** spectacles (眼鏡をかけた紳士)

a boy **in** a red cap (赤い帽子をかぶった少年)

＝a boy **wearing** a red cap

＝a boy **with** a red cap **on**

◈**参考**　例を一つあげておく:

It was not until I reached the street ... that I realized I was still **in** my slippers.

——Norman Mailer: *Tough Guys Don't Dance*

表通りまで来てはじめて，まだスリッパをはいたままであることに気がついた。

19

〔例〕 If you are of good manners and passable appearance, the cat will stick her back up and rub her nose against you. Matters having reached this stage, you may venture to chuck her under the chin, and tickle the side of her head, and the intelligent creature will then **stick** her claws **into** your legs ...

もし君が行儀作法がよくて，まず普通の風采とするなら，ねこは背を突き出して鼻を君にこすりつけてくるものだ。ことがこの段階に達したなら，君は思い切ってねこのあごの下を戯れになで，頭の片側をくすぐってよかろう。そうすればこの利口ものは，君の**脚の間へ**両手を**さしはさむ**ということになって…

解説 動物にだって虚栄心がある。ことに猫は，この点，“人”後に落ちない。つんとすまして，「さわらないで」といった風情だ。犬ならば，熊さん八つぁん，どこの馬の骨がなれなれしく“いよう，元気かい”といった調子で話しかけて，頭の一つもひっぱたき，あお向けにひっくり返したって，別に気にせずそのままでいる。猫にそんなことをしてみたまえ。まあ生涯二度と口をきいてもらえなくなること請合いだ。まずは“猫”なで声で“よしよし　ねこちゃん”とかなんとか言って彼女の機嫌を取らなければいけない…といった文に続く英文である。

ところで下線部の訳文は，虚栄心をくすぐられたねこが示す媚態を描いて意味深長であるが，正しくは「この利口な動物は君の脚につめを立てるだろう」ということを述べている。人間ならば「ちくりとつねる」ところであろうか。

注意 上の訳文に相当する英文は put her **paws between** your legs のようなものでなければならない。すなわち，ねこの“手”は paw であって，claw は，犬・ねこ・鳥などの「つめ」である。人間の指の「つめ」は nail と言う。なお cat's paw と言えば「他人の道具に使われる者；人の手先」のことである。

20

〔**例**〕 At the table next to me are two people, a man and a girl. They are very happy, so it seems, very much in love.

They talk **with confidence** of the future. It is not that I listen to what is not meant for me; they are quite oblivious of who hears them and who does not.

私の隣りのテーブルに若い男女が坐っていました。二人ともとても幸福な様子で，お互いを強く愛し合っていると一目瞭然でした。二人は**ひそひそと**将来のことなど語り合っていました。私は別に人の話を盗み聞く気持などなかったのですが，二人とも，誰かの耳に入るとは夢にも思わないで，声高に話しておりました。

▒解説　幸せそのものの二人であるが，この直後に，男性のほうは，美貌で金持の社交界の名花と結婚する。女性は，恋人を奪われ，愛情は嫉妬に，将来の設計は犯罪の計画に変じる。

が，今の二人の幸福感はやがて訪れる運命の暗転とはおよそ無縁である。将来の幸せは確定したものである。「恋人たちは**確信に満ちて**将来を語り合っている」のである。

◈注意　confidence は (a)「信頼；自信」と (b)「内緒，秘密」の意があるが，前置詞の違いによる次のような意味の区別をはっきり認めておかなければならない。

(a) **with** confidence「自信たっぷりに」

(b) **in** confidence　「内緒で，内密に」

それぞれ　(a)＝**confidently**　(b)＝**confidentially**

上の誤訳はこの両者の混同によるものであるが，「ひそひそと」とそのすぐ後に続く「声高に」も矛盾している。

◈参考　その confidentially を confidently と間違えた誤訳例を一つ。

Carol and Linda got along fine, and Bill was flattered when Carol said that, **confidentially**, Linda was "a real person."

キャロルとリンダは気が合った。キャロルは「リンダって誠実な人ね」ときっぱりと言った。ビルはそれを聞いてとても嬉しかった。

●もちろん「きっぱりと」ではなく「(リンダには)内緒で，そっと」の意である。

●〔例〕の最後の部分 ... they are quite oblivious of who hears them and who does not. は「誰かの耳に入るとは夢にも思わないで」という意味で

はなく，「誰が聞いているか誰が聞いていないかもすっかり忘れて」すなわち，「周囲の誰の耳に入ろうが入るまいが意に介せず」の意。

21

〔例〕 Directly he heard a lift door close and Davis's step in the passage he left his room. His lunchtime with the sausages had been cut **by** eleven minutes. Unlike Davis he always punctually returned. It was one of the virtues of age.

エレベーターの扉の閉まる音がして，廊下にデイヴィスの足音を聞くと，彼はすぐに部屋を出た。ソーセージが楽しみのランチタイムも，きょうは11分間で切りあげねばならぬ。彼はデイヴィスとちがって，時間ぴったりに部屋に戻る習慣が身についていた。これも年輪のもたらす効用のひとつであろう。

▒解説 ある情報機関の一室。昼食の時間であるが，仕事の性質上，部屋をカラにするわけにはいかない。二人は交替で，食事に出かけることにしている。相棒のデイヴィスは正午に出て1時間で戻ってくることになっている。が，今日は1時10分過ぎになってもまだ戻ってこない。そこで「彼」はメモを残して出かけようとする。ちょうどその時，エレベーターの扉の閉まる音——デイヴィスの帰ってきた音が聞えたのである。

当然のことながら，「彼」自身の貴重な昼食時間はデイヴィスが遅れた分だけ減ってしまうことになる。というわけで，

His lunchtime had been cut **by** eleven minutes. は

「ランチタイムを**11分間で**切りあげねばならない」

のではなく，

「自分のランチタイムが**11分だけ**けずられてしまった」

のである。

◎この by は，量や程度が「～だけ」という場合に用い，たとえば，

His horse won **by** a nose. といえば「彼の馬は鼻の差で勝った」という

ことであり,

He missed the train **by** a minute. は「彼は1分の違いで列車に乗り遅れた」の意である。

◆**注意** 次のような二通りの言い方の語順を区別する。

He is *three years* older than my father.
He is older than my father **by** *three years.*

(彼は私の父より三つ年上です)

また,次の二つの表現における by の用法を混同しないこと。

(a) He was late **by** *an* hour.
(b) He was paid **by** *the* hour.

(a) は上に説明したとおり「彼は1時間遅刻した」(=He was an hour late.) の意であるが,(b) の by the ～ は「単位」を表し,「1時間いくらで支払われていた;時間給で働いていた」の意である。

22

〔例〕 At such parties I was awkward and uncomfortable, and something usually happened which increased my sense of inferiority to the other children, who were better at everything than I was and made no attempt to assist me **out of** my shyness.

そのような集まりでは,私はぎごちなく落ちつかなかった。そして何事につけても私よりじょうずなのに,私が恥ずかしがる**ために**助けてくれようとしないほかの子どもたちに対する私の劣等感を増すようなことが,たいていなにかしら起こるのであった。

解説 out of ～ は into に対して用いるのがその基本的な用法であるが,その他,上の訳文に見られるような「理由」を表す場合もある。次の二文を比較。

(a) He helped her *out of* her difficulty.
(b) He helped her *out of* pity.

(a) は「彼は彼女をその窮境から助け出した」, (b) は「彼は彼女を同情心から (気の毒に思って) 助けてやった」

〔例〕の下線部の out of は (a) に類する意味を表し「引っ込み思案から私を助け出して (→はにかみ屋の私が引っ込んでいないで皆と交わることができるように力を貸して) くれはしなかった」ことを述べている。

◈**注意** out of *my* shyness ではなく out of shyness であれば out of kindness (fear, curiosity, necessity, *etc.*) (親切心 [恐怖心, 好奇心, 必要] から) などと同じく, 「はにかみから (内気なために)」の意を表す。すると, たとえば上の例を, She made no attempt to assist me *out of shyness.* としてこの意味を考えてみれば, 「彼女は (私を助けたい気持はあるのだが) はにかんで私を助けてくれようとはしなかった」すなわち, はにかんでいるのは目的語の「私」ではなく, 主語の「彼女」である。

23

〔**例**〕 "It's a matter of timing, too," said the lawyer. "Ten years ago you wouldn't have got the death penalty. Ten years from now you wouldn't, either. But they had to have an object case, a whipping boy. The use of marionettes has grown so in the last year it's fantastic. The public must be scared **out of** it, and scared badly. God knows where it would all wind up if it went on..."

「また時期も悪かった」と弁護士は言った。「十年前なら, あなたは死刑にはならなかったでしょう。十年後でも, おなじことです。ところが現在となると, 当局はたまたま犠牲者を探していた。あなたは大勢のマリオネット利用者の代表として鞭打たれるわけです。最近のマリオネット利用たるやとどまるところを知りませんからね。一般大衆は非常におびえています。この状態が続いたらどうなるか分らない。…」

▒**解説** 幻想小説の世界で。妻の浮気に我慢できず, 殺意をいだく。ただし,現実の妻は殺せない。その代りに妻そっくりに作られたマリオネット（あやつり人形——ただしこの場合は，あやつられる糸のないロボットで，人間同様に動きもすれば話もする）を殺す。そんな殺人をした主人公は，殺人容疑で逮捕され，死刑の判決を受ける。この判決に至る事情を弁護士が説明しているのである。

マリオネット殺人がブームになり，マリオネット企業が繁昌し，深刻な社会問題になってしまった。当局も放置しておくことはできない。そこで考えられた策が，誰かを見せしめ（＝a whipping boy）として，極刑に処することである。

◉下線部は「世間の人々を脅して——それもこっぴどく脅して——それ（＝マリオネット殺人）をさせないようにしなければならない」の意。

◆**注意**　次を区別する。

He was *scared* **of** it.（それを怖がっていた）

He was *scared* **out of** it.（怖くてそれを放棄した／それを脅し取られた）

◉この out of は into と反対の意味を表し，次のような対照的な用法も重要である。

He was persuaded **into** [doing] it.（彼はそれをするように説得された／彼は説得されてそれをした）

He was persuaded **out of** it.（彼はそれを止めるように説得された／彼は説得されてそれを止めた［放棄した］）

24

〔**例**〕 Shut the door **behind you.**

後ろのドアを閉めなさい。

■**解説**　次の二文を比較。

(1) The door behind him was closed.

(2) The door was closed behind him.

(1) の behind him は形容詞句で「彼の後ろのドアが閉じられた」（または「～はしまっていた」）と簡単に訳せる。

(2) の behind him は副詞句で「彼の後ろで」の意であるが，これは直訳では通らない。

上の〔例〕は (2) と同じであるが，(1) として訳されている，という点をまず認めておく必要がある。

◉ドアの閉め方にもいろいろある。開いているドアを閉めるというだけならば，ただ Shut the door. でよい。behind you という要素が加わることによって,「後ろ手に」といった日本語によって表されるような動作を示すことになる。部屋に入ってくる人や部屋から出ていく人はだいたいこの表現にあたる動作をすることになるが，訳のうえではいちいち「後ろ手に」と訳さなくてもよい文脈もあるし，上の文ならば「入ったらドアを閉めなさい」あるいは「出たあとちゃんとドアを閉めなさい」などと，文脈によっていろいろ訳せる。

◈**参考**　この表現を用いた二つの場合を，日本文学の翻訳から例を示しておく。

① 松木ポリスは，娘の背を軽く押して「さあ，遠慮しないでもいい」と云って，なかに連れ込んだ。扉の錠は，松木君が後ろ手に器用にしめ，抜けめないお巡りの感じを出した。

Officer Matsuki gave the girl a gentle push. "You heard the doctor. Don't be shy." He led her in by the arm. Deftly he locked the door **behind** him. He was master of his trade.

② …松木君は…その必要もないのに抜きあし差しあしの恰好で部屋から出て行って，扉をしめた。

Then Matsuki ..., though there was no need for the diffidence, tiptoed from the room and closed the door **behind** him.

―― 井伏鱒二『本日休診』
No Consultations Today, trans. by Seidensticker

25

〔例〕 She sat there holding the glass with both hands as though it were a sacrament. She took another gulp. There was not much of it left now. **Over** the rim of her glass she could see Conrad watching her with disapproval as she drank. She smiled at him radiantly.

彼女は聖体拝領の儀式でもおこなっているかのように，グラスを両手で支え持っていた。それからもう一口がぶりと喉に流しこんだ。もうグラスは空っぽに近い。縁**のところに**，飲みっぷりをとがめるようなコンラッドの顔がうつっていた。彼女はにっこりほほえみかけた。

解説　「～の上に」と言うとき，接触している状態には on を用い，離れている場合には over または above を用いる。下線部の「縁のところに…がうつっていた」という訳文に対応するのは on であって，over ではない。

{ **on** the rim「縁［の上］に」
　over the rim「縁ごしに」

{ **on** the counter「カウンターの上に」
　over the counter「カウンターごしに；店頭で，店で，処方箋なしに」

●したがって上の下線部は「グラスの縁**ごしに**，コンラッドが，飲んでいる彼女をとがめるようにじっと見つめているのが見えた」といった訳になる。

◆**参考**　glass のかわりに cup を用いた例。

He could feel her eyes resting on his face, watching him **over** the rim of her teacup.

——Roald Dahl: *The Landlady*

彼女の視線が自分の顔に注がれ，カップの縁**ごしに**自分をじっと見守っているのが感じられた。

26

〔**例**〕 The hawthorn was exploding white and pink and red along the hedges and the primroses were growing underneath **in** little clumps, and it was beautiful.

山査子(さんざし)は生け垣にそって，白い花，桃色の花，赤い花，が咲き乱れ，桜草は小さな茂みの下で伸びてきて，それがまたなんともいえない。

▨解説 clump は「木やその他の植物の小さな一かたまり」を表す語である。この語の前に in が置かれると次のような二通りの意味を表す。

(1) The boy hid **in** *a clump* of trees.

(2) The trees grew **in** *a clump.*

(1) 少年は木の**茂みに**身をかくした。

(2) 木は**かたまって**生えていた。

すなわち，in は (1) では「かたまった木立ち**の中に**」の意で「場所」を，(2) では「かたまり**をなして**」の意で「状態」を表しているが，〔例〕の in は (2) の場合である。

◎区別されなければならない点はもう一つある。すなわち，underneath の前置詞・副詞の二通りの用法である。

(a) The cars crawled **underneath** the tall buildings.

(b) The buildings soared, and the cars crawled **underneath.**

(a) 車は高層ビル**の下を**はうように進んだ。

(b) ビルは高くそびえ，車は**下を**はい進んだ。

すなわち，(a) は「～の下に」で前置詞，(b) は「下に；下のほうで」の意の副詞である。

上の〔例〕の翻訳では前置詞に解されているが，実は (b) と同じ副詞用法である。

◎したがって〔例〕の英文は，さんざしが生け垣にそって色さまざまに咲き乱れているのに対し，可憐なさくらそうは「下のほうで小さくかたまって」生えていた，ことを述べている。

◈注意 「群れ」を表す代表語は group であるが，群れをなす構成分子によって，さまざまな語が用いられる。主なものをあげれば:

a crowd (人)	a pack (猟犬・おおかみ)
a flock (羊)	a swarm (虫・はち)
a herd (牛馬)	a bunch (果物など)

人の集合体でも「聴衆」は audience，教会の「会衆」は congregation である。星の群れ，つまり「星座」は constellation であり，a *school* of fish といえば「魚の学校」ではなく，やはり「魚の群れ」なのである。

◆**注意**　clump に似た語に cluster があり，これのほうが適用される「群れ」の種類は多様であるが，in a cluster といえばやはり「群れをなして」であって，「群れの中で」ではない。in groups, in crowds なども同様であるが，in twos and threes と言えばどんな意味を表すのだろう。これは「二人・三人のグループをなして」，つまり日本語の「三々五々」に相当する表現なのである。

◆**参考**　〔例〕の in little clumps は植物が「かたまって」いる状態を表すが，人が「かたまって」いる場合の例を示しておく：

There were three men standing **in a close group** in a corner of the yard, and one of them had two large black greyhounds with him, on leashes.

——Roald Dahl: *Kiss Kiss*

庭のすみには三人の男が**かたまって**立っていて，そのなかの一人は革ひもでつないだ二頭の大きな黒のグレイハウンドを連れていた。

27

〔例〕 "He's unselfish —— and very considerate **for** a man, but he's rather —— ineffectual, if you know what I mean."

「身勝手なところがなくて——人には思いやりがあって，でも，どちらかといえば——役に立つことなんかできない方ですわ，おわかりになりますかしら」

■**解説**　何の不自然も感じさせない訳文であるが，どこがマズイのだろうか。手がかりに次の文と比べてみよう。

「人には親切に，女の子にはやさしくしなさい」

Be kind **to** others and nice **to** girls.

「彼女はいつも年寄りに対して思いやりがある」

She is always thoughtful **of** old people.

二つの点に気がつくだろう。considerate のあとに続く前置詞 for と，その後にくる単数名詞である。「～に対して思いやりがある」の意味で considerate に伴うのは thoughtful の場合と同じく of である。

He is *considerate* (=*thoughtful*) **of** the feelings of others.

(彼は他人の気持ちに対して思いやりがある)

〔例〕の for は，次のような用法と同じである。

She looks young **for** her age. (年の割に若く見える)

He is tall **for** a Japanese. (日本人にしては背が高い)

すなわち，彼なる人物は「男の人にしては思いやりがある」と評されているのである。

◈**参考** considerate *of* ～ に対して，名詞 consideration には for が伴う。

He has no *consideration* **for** the handicapped.

(彼は障害者に対して思いやりがない)

このように形容詞と名詞が異なる前置詞を伴う他の例:

He was not *sympathetic* **to** their complaints.
He had no *sympathy* **for** their complaints.

(彼らの不満に同情しなかった)

◈**注意** 次の各組の文は，前置詞で意味が異なる。

① He paid the money **to** me.
② He paid the money **for** me.

③ They washed their hands **in** it.
④ They washed their hands **of** it.

⑤ It is hard **for** him to believe such a thing of me.
⑥ It is hard **of** him to believe such a thing of me.

⑦ What did you do **with** your car ?
⑧ What did you do **to** my car ?

⑨ She invited him after all he'd done **to** her.
⑩ She didn't invite him after all he'd done **for** her.

〔訳〕

① 彼は私に金を支払った。
② 彼は私の代りに金を払ってくれた。

③ 彼らはそれで手を洗った。
④ 彼らはそのことと手を切った。

⑤ 彼には私についてそんなことを信じるのは困難だ。
⑥ 私についてそんなことを信じるなんて彼はつれない奴だ。

{ ⑦ 君は車をどうしたのか。
  ⑧ 君は僕の車に何をしたんだ。

{ ⑨ 彼は彼女にたくさんひどいことをしたのに，彼女は彼を招待した。
  ⑩ 彼は彼女のためにいろいろしてやったのに，彼女は彼を招待しなかった。

28

〔例〕 My roommate, Ray Stratton, was playing poker with two football buddies as I entered the room.

"Hello, animals."

They responded with appropriate grunts.

.... Oinks, grunts and guffaws. The animals were laughing.

"Gentlemen," I announced as I took leave, "up yours."

I closed my door **on** another wave of subhuman noises, took off my shoes, lay back on the bed and dialed Jenny's number.

部屋にもどると，ルームメイトのレイ・ストラットンがフットボールの仲間ふたりとポーカーをやっていた。

「オース！　アニマルズ」

彼らは気さくな調子で言い返した。

.... どっと下卑た歓声。アニマルどもが笑っている。

「ジェントルメン」ぼくは言った。「そこまでにしとけ！」

ぼくも人前をはばかるひどい言葉をはいてドアを閉め，靴をぬいでベッドにあお向けになり，ジェニーの電話番号をまわした。

解説　引用文中，省略した「……」の部分で，"ぼく"は彼ら三人に，きたない言葉でひやかされる。恋人のジェニーのことも，彼らのぼくに対する下品な揶揄(やゆ)の対象になる。ぼくは，そんな彼らを相手にせず，隣のベッドルームへ電話をはこび，ジェニーに電話をかける。

◉下線部の on は「～に対して，～に向かって」などを表し，直訳的には訳せない。close the door on ～ という表現は，まだ相手が立ち去らずにいる前で，締め出しをくわせる形で，戸を閉める動作を表す。

この文では，ぼくは三人の男のことを animals と呼んだが，その「動物ども」が，「人間以下の音」(subhuman noises＝[動物に似つかわしいような] 下卑た言葉) をまたひとしきり発した (another wave) が，そんな声を締め出すように，ぴしゃりとドアを閉めた，ことを述べている。

◈**参考**　類例を示しておく。

The couple in the car stare after him and he gives them one more glance; he lets himself in and quietly closes the door **upon** them.

—— Muriel Spark: *Not to Disturb*

車の中のふたりはじっと彼のうしろ姿を見つめる。彼は彼らをもう一度ちらりと見る。彼は中に入り，彼らの鼻先で静かにドアを閉める。

◈**注意**　〔例〕文中，I announced *as I took leave* の斜体字部分が訳に表れていないが，take leave はもちろん「いとまごいをする」の意で，ここでは，「出て行きがけに」捨てぜりふを吐いたわけである。

◉その捨てぜりふである "**up yours**" は強い軽蔑や拒否・無視などを示す俗語表現である。例を一つ。

Aw ... that is touching ... that is ... downright moving ... that's what it is. (*With sudden vehemence*) UP YOURS!

—— Edward Albee: *Who's Afraid of Virginia Woolf?*

へえ，それは感動的ですな … それは … まことに涙ぐましいことで… まったく。(急に激しい口調で) くそくらえ！

◈**参考**　close the door *on* ～ とやや似た趣の on を含む表現に hang up on ～ がある。これは電話で，相手の話が終らないのに，一方的に電話を切ってしまう場合に用いられる。

Paul was afraid that Sam would **hang up on** him if he found out that Paul wasn't a blood relative of the Hargers.

—— Kurt Vonnegut, Jr.: *Welcome to the Monkey House*

ポールは，もし自分がハーガーの血縁の者でないことをサムに知られたら，電話を切られてしまうことになりはしないかと心配だった。

◈**注意**　次のような類似の形式も間違えないよう。

① He closed the book **on** a finger.

〔誤〕彼は指の上で本を閉じた。

② She opened the door **to** a total stranger.

〔直訳〕彼女は赤の他人に対して戸を開けた。

①は，本を読んでいて，中断しなければならないときに，読みさしの場所がわからなくならないよう，book mark (しおり) のかわりに「(本のあいだに) 指をはさんで本を閉じた」わけである。

②は「ドアを開けたら，全く見知らぬ人が立っていた」ぐらいの日本語に当たる英文である。

29

〔例〕 Beth sets breakfast in front of Cal: eggs, bacon, toast, milk, juice.

Conrad looks up. "Morning."

"Morning. You need a ride today?"

"No. Lazenby's picking me up **at twenty after**."

He treats this as a piece of good news. "Great!" Said too heartily, he sees at once. Conrad looks away, frowning.

ベスはキャルの前に朝食をととのえる。卵，ベーコン，トースト，ミルク，ジュース。

コンラッドが顔をあげて声をかける。「おはよう」

「おはよう。今日は車に乗ってくか？」

「いや，**レイゼンビィがあと20分したら迎えに来る**」

彼はいい徴候だと思う。「そいつはすごい！」調子にのって口走ってから，すぐにそのわざとらしさに気づく。コンラッドはむっとして目をそらす。

解説 Beth は母親，Cal が父親で，Conrad は彼らの17歳の息子である。Conrad は8カ月の精神病院生活を経て家庭と学校にもどってきたが，まだ不安定。両親は彼との会話にも細かい神経をつかう。父親が車で学校に送っていくことがあるが，今日は友人の Lazenby が車で迎えに来てくれるという。息子の交友関係にも気をつかう父親には，こんなことも望ましいことと思われるのだろう。

さて下線部の at twenty after は「20分過ぎに」が正しい意味である。ここでは「8時20分過ぎ」(=at twenty after eight) であるが，時間のほうはわかりきっているので省略したわけである。(したがって after は目的語が省略された前置詞)

◉時刻を言う場合に，「～分前」は英では to，米では before を用い，「～分過ぎ」は英では past，米では after を用いるのがふつうである。したがって上の文は英では，

He's picking me up **at twenty past**. (=at twenty minutes past eight)

という形をとる。

◈**注意**　訳文の「20分したら迎えに来る」の意を表す英語は

He's picking me up **in** twenty minutes.

である。また，「それから20分して彼は迎えに来た」なら，

He came to pick me up twenty minutes **later**.

である。

30

〔例〕"I think I was ripped off this afternoon ... Place didn't look this bad when I left. Somebody was **after** drugs, I guess. What a neighborhood. Nothing but placebos here. Use 'em myself for quick energy sometimes."

「この昼すぎ，物盗りにやられたらしい…出かける時にはこんなひどい状態じゃなかった。麻薬をやったあげくの仕業，だろう。まったくこの辺はなんという所だ。ここには気休め薬程度のものしか置いとらんのに。まあ時にはわたしも，手っ取り早く元気を回復するのに使うこともあるが」

▩**解説**　ある病院の診療室で，精神分析医が患者である高校生に話している。なるべく打ち解けた雰囲気をつくるために，かなりくだけた言葉づかいをし

て。

上の訳では after を「～のあとで」の意に解しているが，ここでは「～を求めて（=in pursuit of)」で，この部分は「誰かが麻薬を捜したらしい」の意。

◈**参考**　同じ用法の after の例:

The police are **after** me.（サツが私を追っている）

What are you **after**?（何がお目当てなのか）

They would not be **after** her alone.

——Sidney Sheldon: *Rage of Angels*

彼らは彼女だけを狙っているのではないだろう。

◈**注意**　文中の *this* bad（こんなにひどい）は this の副詞用法。Nothing but の前には We have または There are を補って解する。placebo [pləsí:bou] とは，薬効はないのにただ患者の気休めのために与える薬。メリケン粉でも妙薬と信じて飲めばきくこともあるという。つまらぬものでも，信じ込めば，思わぬ効験が得られる。

31

〔**例**〕As he walked down the street towards the palace he was aware that he had drunk more than he had drunk for years **at** this hour of the day.

彼はそのストリートを宮殿の方向に歩きだして，この1時間**のうちに**，数年分の酒量をすごしたことに気がついた。

▩**解説**　**at** は「点としての時間」を表し，「幅のある時間」を表すのは **for** や **during** である。また hour は「～時間」の意で多く用いるが，「時刻」の意味もある。

at this hour of the day は「1日のこの時刻に」の意であり，*that*-Clause の内容は:

「何年ものあいだ1日のこの時刻に飲んだことのなかったほどの量を飲んだ／ここ何年間も昼間からこんなに酒を飲んだことはなかった」

ということである。

◎同様によく用いる表現は at this time of the year (1年のこの時期に) である。ただし，次を区別:

{ **at** this time of the year (この時節に)
{ **for** this time of the year (この時節にしては)

◈**注意**　上の誤訳の「この1時間のうちに」に対する英訳なら **during** this one hour のようなものでなければならないが，for と during の用法が，作文などでも混同されやすい。

(a) 数詞を冠して「～時(日・週)間」という場合は for。

(b) それ自体が長さを持つ名詞の前に用いて「～のあいだに」という場合は during。

(a) **for** a week (1週間)，**for** three months (3か月)

(b) **during** the summer (夏のあいだ[に])，**during** the meal (食事のあいだ[に])

during が数詞とともに用いられる場合，特定の期間を表し，かならず定冠詞を併用する。

{ **during** three years (3年のあいだ)〔誤〕(→ **for** three years)
{ **during** *the* three years of his stay in London (彼がロンドンに滞在した3年のあいだに)〔正〕

{ **during** a few weeks (2, 3週間)〔誤〕(→ **for** a few weeks)
{ **during** *the* past few weeks (過去2, 3週間)〔正〕

32

〔例〕 The boy seemed minusculc behind that desk, today preternaturally neat. Bob had swept away the clutter before leaving in June. <u>In fact, all that was left **besides** the telephone was a picture of Sheila and the girls.</u>

今日はすっきりしすぎるくらいよく片づいている机のうしろの少年がはかなく見えた。ボブは六月の休みに入る前，がらくたを整理した。事実，残っているのは**電話機のそばの**，シーラと娘たちの写真だけであった。

解説　ボブは少年の父親で大学教授。シーラはその美しく聡明な妻である。夏休み中の一日，ボブは息子を大学の自分の研究室に連れてきた。少年はさっそく，ふだんは父親がすわる革張りのいすに乗っかって，左右に回転させる。りっぱな机のうしろにちょこなんとすわった少年はひどく小さく (minuscule) 見える。休み前に整理して，不自然を感じさせるほど (preternaturally) きれいさっぱりと片づいた机。

その机の上の状態を述べた下線部だが，**beside** ならば「〜のそばに」でよいが，**besides** であるから「〜のほかに」の意，すなわち「電話機のほか残っているのは，妻と娘たちのうつった一葉の写真だけだった」という状態を述べているのであって，その写真が電話機のそばに置かれているかどうかはわからない。

注意　次のような文において区別を正しく：

(1) Who was standing **beside** John?
(2) Who was there **besides** John?

(1) ジョンのそばにだれが立っていたか。
(2) ジョンのほかにだれがそこにいたか。

cf.
(3) All of us passed **besides** John.
(4) All of us passed **except** John.

(3) ジョンのほかわれわれも皆合格した。
(4) ジョンを除きわれわれは皆合格した。

ことわるまでもなく，(3) ではジョンは合格し，(4) では合格しなかったのである。

これらの語を含む次のような表現にも注意。

(a) He was (*beside*, *besides*) himself with rage.
（彼は怒りで逆上していた）

(b) His remark is (*beside*, *besides*) the point.
（彼は的はずれのことを言っている）

(c) ｛She is not only beautiful but also intelligent.
= (*Beside*, *Besides*) being beautiful, she is intelligent.
(彼女は才色兼備だ)

(a) と (b) では beside が, (c) では Besides が正しい。

33

〔例〕 He could eat twenty rolls **during** a meal and fast for the next three days.

彼は食事と食事の間に二十のロールパンを食べて，そのあと三日間断食できると言うのだった。

▩**解説** 「～のあいだ」という日本語に対応する前置詞は，among, between, during などがあるが，それぞれの意味・用法ははっきり区別されなければならない。

during a meal は「(1回の) 食事のあいだに」であって，「食事と食事のあいだに」のほうは **between** meals である。

◈**注意** 次のような例により区別を正しく。

Don't belch **during** a meal. (食事中にげっぷをしてはいけない)

Don't eat **between** meals. (間食してはいけない)

◉原則的に between は「(二者の) あいだに」, among は「(三者以上の) あいだに」の意で用いる。この二語について注意すべき表現:

Between you and (I, me), he is rather stupid.

(ここだけの話だが，彼は少し抜けている)

→前置詞のあとだから目的格が正しい。この句は Between ourselves とも言う。

He is **among** the greatest scientists in the world.

(彼は世界で最も偉大な科学者の一人だ)

→これを「～のあいだにある」などと訳さないように。これは one of に置きかえられるものである。

34

〔例〕 Paints and painting too must have been made for useful ends; and language was developed, from whatever beginnings, for practical communication. Yet you **cannot** have a man handle paints or language **without** instantly waking in him a pleasure in the very paints or language, a sense of exploring his own activity. This sense lies at the heart of creation.

絵の具や絵もまた，実用的な目的のために作られたものにちがいない。また言語も，その発端が何であれ，実用的な伝達のために発達したものである。しかし，絵の具や言語そのものを使う喜びの気持ち，つまり，自分の活動分野を探究しているという意識を直ちに目ざめさせないならば，とても人に絵の具や言語を扱わせる**ことはできない**のだ。この意識は創造の仕事の中心をなすのである。

解説　without ～ing が表す次の二つの意味は，一見似ているが正しく区別されなければならない。

(a)「～することなしに → ～しないで」〔否定の付帯事情〕

(b)「～することなしに → ～しなければ」〔否定の条件〕

これに否定詞が先行して cannot (never) ... without ～ing の形をとると，次の意味関係を表す。

(a)「～することなしに…することはできない → …すれば必ず～する」

(b)「～しなければ…することはできない → …するためには～しなければならない」

(a) We *cannot* read this book *without* being moved. (感動することなしにこの本を読むことはできない［この本を読めば必ず感動する］)

(b) We *cannot* succeed *without* working hard. (一生懸命努力しなければ成功することはできない［成功するためには一生懸命努力しなければならない］)

ところで〔例〕における cannot ... without ～ing は(b)に解されているが，実は (a) の意味関係を表す文なのである。つまり，「人に絵の具や言語を扱わせれば，たちまちその人の心の中に絵の具や言語そのものに対する喜び，すなわち自分の活動分野を探究しているという意識を目ざめさせないではおかないのである」ということを述べている。

人間の活動は実用目的や社会の要求に基く要素もあるが，反面，これらを離れて純粋な個人的探究行為に喜びや興味を感じるものであり，そういった意識が，あらゆる創造行為の中心にある，という趣旨を述べる文である。

◈**注意**　これらの構文は次のように書き換えることができる:

(a) They *never* meet *without* quarreling.

=**Whenever** they meet, they quarrel.

=They never meet **but** they quarrel.

(彼らは会えば必ずけんかをする)

(b) He *never* works *without* being compelled.

=He never works **unless** he is compelled.

(彼は強制されなければ仕事をしない)

◉否定詞は，no, seldom, impossible などが用いられることもある。

(a) I **seldom** go camping **without** forgetting something. (何か忘れ物をしないでキャンプにでかけることはめったにない［キャンプにでかけるとなるとほとんどきまって何か忘れ物をする］)

(b) **Few** of us can learn this **without** making mistakes. (間違いを犯さないでこのことを学ぶことができるものはほとんどいない［われわれはほとんどだれでも，誤ちを犯してはじめてこのことを学ぶことができるのだ］)

35

〔例〕 Her paper, owing to a change of proprietor, to her own and to other of her friends' great annoyance, now provided articles on men's tailoring, women's dress, female heart-throbs, competitions for children, and complaining letters from women and had managed pretty well to shove any real news off **any** part of it **but** the front page, or to some obscure corner where it was impossible to find it.

彼女の購読紙は，所有主が変わったことによって，彼女やその友人たちが大いに困惑したように，今や紳士服とか婦人服，女性感情とか子供コンクールとか婦人からの不満の手紙欄とかいった記事ばかり多くなって，第一面はいうに及ばず，あらゆる隅っこからも，ほんとのニュースというものを追っぱらって，見つけるのが不可能と相なった。

▩解説　but には前置詞として「～を除いて，～以外は」(＝except) の意を表す用法がある。

He doesn't read **any** paper **but** *the Times.*

(彼はタイムズ紙以外は新聞を読まない)

〔例〕の中の but もこれと同じ用法なので，下線部は「本当のニュースを，第一面を除いて他のいかなる部分からも追い出してしまうか，どこか目立たない隅っこに追っぱらってしまう」の意を述べており，「ニュースらしいニュースは，かろうじて第一面にだけ残されるか，どこか見つけにくい片隅に追いやられてしまう」ことになったのである。

◈注意　「～を除いて」の意を表す語としては，except が代表的であるが，save も忘れてはならない。

There is no failure **except** in no longer trying. There is no defeat **except** from within, no really insurmountable barrier **save** our own inherent weakness of purpose.

(もはや試みようとしないこと以外に失敗はない。内部から以外の敗北はなく，自分自身の意志の弱さ以外に本当に克服できない障害は存在しない)

▶but の次の用法を区別する。

(1) A man can die **but** once.

—— Shakespeare: *Henry IV*

(2) We never die **but** once.

両方とも「人間は一度しか死なない」の意を表すが，but の用法は異なる。

(1) の but は副詞で only の意を表す。

(2) の but は前置詞で except と同義。すなわち「一度を除いて決して死なない→一度だけしか死なない」

▶anything but は文脈により，

(1) 熟語として「決して～でない」(=far from, by no means)

(2) 文字通りに「～を除いたいかなるものも」(=anything except)

の意を区別しなければならない。

(1) He is **anything but** a fool.

(彼は決してばかではない)

(2) I'll do **anything but** that for you.

(君のためにそれ以外ならなんでもしよう)

◉not ～ anything but は nothing but と同じ関係を表す。

She does**n't** read **anything but** comics.

=She reads **nothing but** comics.

(彼女は漫画以外はなにも読まない――彼女は漫画しか読まない)

◈**参考**　よく用いられる構文であり，訳し方に工夫を要する場合もあるので，ここで頻出文について，訳し方を研究しておく。〔A〕〔B〕は別々の二冊の翻訳指導書において模範訳として示されている訳例である。

A loving wife will do **anything** for her husband **except** to stop criticizing and trying to improve him.

〔直訳〕 愛情のある妻は，夫のために，夫を批判し向上させようと努力することをやめてしまうこと以外なら，どんなことでもする。

〔A〕 愛情のある妻は，夫に何でもしてやるが，悪いことは悪いと言って改めさせようとするものだ。

〔B〕 妻は，自分の愛する夫のためならどんなことでもするが，ただ，夫をもっとよくしようとして小言を言うことだけはやめないだろう。

◉英文解釈の答案としては，なるべく英和の対応がよくわかる，原文に忠実な訳が望ましいので，上の〔直訳〕でも合格答案であるが，次の程度に工夫したものを標準訳としてよい。

「愛情ある妻は，夫のためにどんなことでもするが，夫を批判し向上させようとするのをやめることだけはしない」

3 動　　詞

36

〔例〕 They are for the garden; the place is grotty once the roses **go.**

バラ園にぴったりだと思うわ。バラが咲いたら，きっとすばらしくなるにちがいないわ。

▒解説　grotty は俗語的で miserable, wretched などの意。「咲く」はもちろん come out であって go はその反対「散る」である。したがって「庭はバラが散ってしまえば殺風景になってしまう」ことを述べている。

◈参考　同じように go が「なくなる，消える」などの意で用いられた例を示しておく。

Well, all that sort of crippling also must **go.**

―― Angus Wilson: *No Laughing Matter*

そう，こんなふうに人間を不具にするようなこともみななくさなければならないのだ。

37

〔例〕 And after all the weather was ideal. They could not have had a more perfect day for a garden-party if they had **ordered** it.

結局，お天気は理想的でした。たとえ人々が完全なお天気になるように命じたところで，これ以上申し分のない園遊会日和は持てなかったことでしょう。

▨解説　order の動詞の訳語は文脈に応じて ①「命令する」 ②「注文する」 ③「順序立てて並べる」などを区別するのがふつうであるが，ここでは目的語が it であることから考えても，② の意味にとるのがよい。すなわち「たとえあつらえたとしても」などの訳が当る場合である。

38

〔例〕 The girls she chose to collect were mystified, usually, by what she saw in them; they humbly perceived that they were very different from her. In private, they often **discussed** her, like toys **discussing** their owner, and concluded that she was awfully inhuman. But this increased their respect for her.

彼女にえらばれる女の子たちは，彼女の考え方感じ方に煙に巻かれるのが常だった。そして結局のところ自分は彼女とはずいぶんちがった人間なのだということを，認めざるをえなくなる。内心では，ちょうど玩具がそれの所有者**と議論する**ように，彼女**の意見に逆らい**，彼女はひどく非人間的だという結論に達しもしよう。だが，それはこの娘への敬意をいっそう増すだけなのである。

▨解説　この女性たちは，名門女子大の８人グループ。そのなかで，「彼女」はとりわけ裕福な家庭に育った気位の高い‘お嬢さん’である。グループの形成に大きな発言権を持ち，皆から一目置かれる存在でもある。そのような彼女を，グループの他の女の子が彼女のいないときによく俎(そ)上に載せ，彼女はひどく冷たい人間だ，といった結論を下したりする。

他動詞 discuss は「～と議論する」のではなく「～を論じる，**～について話し合う**」の意である。したがって上の下線部のこの語を含む二つの箇所は，それぞれ，

「彼女たちはよく，彼女に内緒で，彼女のことを論じた」

「ちょうど自分の持ち主のことを論じ合う玩具のように」

のように改めなければならない。

◈**注意**　次のような二つの文をそれぞれ区別する。

(a) They **discussed** the boy.

(b) They **discussed with** the boy.

(a) 彼らはその少年のことを話し合った。

(b) 彼らはその少年と議論した。

(a) They **searched** the house.

(b) They **searched for** the house.

(a) 彼らは家宅捜索した。

(b) 彼らはその家を捜した。

(a) He **consulted** the doctor.

(b) He **consulted with** the doctor.

(a) 彼は医者にみてもらった。

(b) 彼は医者と相談した。

(a) **I'll see** it.

(b) I'll **see to** it.

(a) 僕はそれを見よう。

(b) その件は僕が面倒をみよう。

(a) He will **want** nothing.

(b) He shall **want for** nothing.

(a) 彼は何も望まないだろう。

(b) 彼には何も不自由させない。

◈**参考**　〔例〕の最初の部分，what she saw in them (直訳:「彼女が自分たちの中に認めたもの」) が翻訳では「彼女の考え方感じ方」となっていて原文との対応関係が稀薄で，これだけではミスリーディングなので，参考例を掲げておく。

"He is a man," said Poirot slowly, "very attractive to women."

I made an exclamation of contempt.

"How women can be so foolish. What do they see in a fellow like that ?"

—— Agatha Christie: *Curtain*

「彼は」とポアロはゆっくり言った。「ご婦人方にはとても魅力のある男性だがね」

私は軽べつをこめて言った。

「女ってのはよくよくばかなんですね。あんな男のどこがいいんですかね」

39

〔例〕 What the headmaster cared about was proficiency in work. This his masters were **engaged** to produce and sacked for failing to produce.

校長が最も関心を払ったのは生徒の学力の向上であった。彼の下で働く教師達は，生徒の成績の向上を約束させられ，それが出来ない場合は容赦なく解雇された。

解説 日本のことではなくイギリスの話。第 2 文の This はもちろん produce の目的語で強調のため文頭に置かれたもの。engage は幾つかの重要な意味があるが，ここではあとの sack（首にする）(=dismiss) に対して「雇う」(=employ) の意で用いられている。「生徒の成績を向上させるために雇われた」のである。

なお，be engaged **in** (an activity)「～に従事する」と be engaged **to** (a girl)「～と婚約している」の区別に注意しなければならない。

40

〔例〕 She's probably quite a good ordinary French bourgeoise, only like all of them she's a colossal snob and money's **gone to her head.** She gives these ghastly parties ...... She thinks she's a sort of cultural link between England and France ...

あのひと，ほんとうはたぶんごく善良なフランスのブルジョワ女なんだけど，その例にもれずものすごくスノップで，お金のことが**頭に**

きちゃってるのよ。しょっちゅういやらしいパーティーをひらいて……あのひと自分ではイギリスとフランスの文化の橋わたしをしているつもりで…

▨**解説**　「頭にくる」という日本語は今さらその意味を検討する必要もない，日常しょっちゅう耳にしたり口にしたりする表現であるが，この際念のため辞書の定義を調べてみると：

〔俗〕［怒り・悲しみ・不満などがつもって］気がくるう。興奮する。また，非常にしゃくにさわる。

といった意味である。したがって，上の訳文に従えば「彼女はなにか金の問題でいちじるしく憤慨している」ことになる。

ところで英語の go to one's head は基本的には「頭（精神状態）に影響を与える」（＝affect one's mind）を意味し，場合によっては日本語の「頭にくる」と似た意味を表すこともあるが，似て非なる場合もあるので注意。大別すると：

(a)「うぬぼれさせる；のぼせ上がらせる」

His success has **gone to his head.** He never listens to anyone nowadays.（彼は成功して**のぼせ上がっている**。最近では誰の言うことにも耳をかさない）

(b)「酔わせる；頭をふらつかせる」

The beer has **gone to my head.**（ビールで**酔った**）

Looking out of the high window **went to her head.**（高い窓から外をのぞいたら**目まいがした**）

〔例〕の文はこの (a) に当り，彼女が「金があるのでのぼせている；金があるので思い上がっている」の意。

◈**参考**　例を一つ示す：

All of this commencing must have gone to my head, like ceremonial wine.

—— Ellen Goodman: *At Large*

この卒業式の雰囲気が，祝盃のワインのように，私を酔わせたのにちがいない。

◍なお，come to a head といえば「（できものが）化膿する；（事態が）大詰めになる，頂点に達する」の意である。

41

〔例〕 **I only wondered** that Poirot had never thought of taking to bird glasses.

ただ，ポアロは双眼鏡を使うことを，いままで思いつかなかったのではなかろうか。

解説 I wonder はあとに *if*-Clause や疑問詞などが続けば，「～かしら」という訳が当てはまる。

I wonder **if** he knows it.（彼はそのことを知っているかしら）

I wonder **who** he is.（彼はだれかしら）

しかし I wonder が *that*-Clause を伴う場合は「…であることを不思議に思う；…であることに驚く」の意を表す。

I wonder **that** he knows it.（彼がそれを知っているとは驚きだ）

したがって上の例文も「ポアロがそのときまで双眼鏡を用いることを思いつかなかったことを**不思議に思った**」が正解である。

42

〔例〕 "You **disgust** me," she said quietly. "Frankly, you always have and probably always will." She didn't know why she said that. It was quite untrue. It was only true that he **disgusted** her at this moment, …

「あなたはわたしを嫌っているわ」彼女は穏やかにいった。「はっきりいわせてもらうけど，あなたはずっとわたしを嫌っていたのよ，たぶんこれからも嫌い続けるわね」なぜそんなことをいうのか，自分にもわからなかった。そんなことはあり得ないことだった。彼がいまこの瞬間の彼女を嫌っていることだけは確かだが，…

解説　disgust は「～を嫌う」ではなく，「～に嫌悪感をいだかせる」の意。

① You **dislike** me.　（君は僕を嫌っている）

② You **disgust** me.　（君は僕をむかつかせる／君にはむかつくよ）

②のほうは，話し手が相手に対して吐き気を催すような強い嫌悪感をいだいている場合に用いる表現である。

注意　①の dislike に似た意味関係を表す語には次のようなものがある。

hate（～を憎む），detest, loathe（～を嫌悪する）

②の disgust に類する関係を表すのは次のような語である。

offend（～立腹させる），sicken, revolt（～をむかつかせる，～に吐き気を催させる）

参考　よく用いる表現であるが，例を二種。

The Captain said in a cold, taut voice: "You **disgust** me."

——Carson McCullers: *Reflections in a Golden Eye*

大尉は冷たい，きつい声で言った。「お前にはまったくむかつくよ」

I **disgust** me. I pass my life in crummy, totally pointless infidelities. ...

——Edward Albee: *Who's Afraid of Virginia Woolf?*

自己嫌悪でむかむかするわ。きたならしい，まったく無意味な不義を重ねて人生を送り…

43

〔例〕 She raised her right hand slightly as though **shaking hands**, looked down the stairs as though to see people coming up it.

彼女はまるでふるえてでもいるようにちょっと手を上げ，上ってくる人たちが見えでもするように，階段を見おろしていた。

▩解説　名探偵である“彼女”は犯罪の現場にもどり，みずから関係者の一人の身振り――パーティの女主人公で，階段を上がってくる客を迎えるところ――を再現している。

◉下線部は当然「**握手をする**かのように」でなければならない。なお to see という不定詞は『目的を表す副詞用法』であり，「人々が階段を上がってくるのを**見よう**とでもするかのごとく」の意を表している。

44

〔例〕 If our assumptions are even partially correct, individuals will **vary** more vividly tomorrow than they do today. More of them are likely to grow up sooner, to show responsibility at an earlier age, to be more adaptable, and to evince greater individuality.

以上のようなわれわれの仮定が部分的にでも正しければ，あすの人間は現在よりもはるかに生き生きと**変化する**だろう。成長は早まり，幼いころから責任感を持ち，適応性が高まり，いっそう個性的になるにちがいない。

▩解説 「変化する」という日本語に対応するものとして考えられる英語に，change と vary (それに alter) があるが，その自動詞としての代表的な意味は，

change＝become different
vary＝be different

である。すなわち change はだいたい「変わる，変化する」と訳して間違いはないが， vary のほうは「異なっている，変化がある，変化に富む」などのような訳が当てはまるのがふつうである。

Opinions **change**. (人の考えは〔時とともに〕変化する)

Opinions **vary**. (意見は〔人によって〕まちまちだ)

◉上の〔例〕の vary vividly の訳も，第二文との意味のつながりがいかにも自然だが，実は「人間が生き生きと変化する」のではなく，「人間が生

き生きと異なる」すなわち「人間が生き生きとした多様性を示す」ということを述べている。

文脈に即して言えば，いわゆる『第三の波』の時代においては，マス・メディアも非画一化して，変化に富んだ人間像やライフ・スタイルをわれわれに示し，人間は自己の主体性についての意識を強め，個性的でユニークな生き方を求めるようになり，生き生きとした多様性を示すようになるだろう，ということである。

◈**注意**　vary の意味は，その形容詞 various (さまざまな，変化に富んだ) と名詞形 variety (多種多様) と関連づけて理解しておくのがよい。すなわち，

They **vary** vividly.（彼らは鮮やかに異なっている → 彼らは生き生きとした多様性を示している）

という動詞を用いた文は，形容詞・名詞に品詞を変えて次のように書き換えることができる。

They are vividly **various.**

They show a vivid **variety.**

45

〔例〕"You thought I was very ladylike, didn't you ?"
"I thought no such thing. You didn't **fool** me."

「わたしのことをお上品ぶった女だと思っていたのでしょう」
「そんなことはない。きみはぼくを**ばかにし**なかったもの」

▩**解説**　動詞 fool の意味は「ばかにする」(=make a fool of) と「欺く」(=deceive) に大別されているが，この文脈ではあとの意味で，女性が「あたしのこと上品なお嬢さんだと思ったでしょう」と言ったのに対して，男性のほうが「僕はだまされはしなかった；君が本当にどんな人間であるかは僕はちゃんとわかっていた」といった意味のことを答えたのである。

◈**参考**　Lincoln [líŋkən] の言葉にこの fool を用いた有名な一節がある：

It is true that you may **fool** all the people some of the time; you can even **fool** some of the people all of the time; but you can't **fool** all of the people all of the time. (すべての国民を一時的には欺くこともできよう。一部の国民を常に欺くことさえもできよう。だが，すべての国民を常に欺くことはできない)

この言葉を Nixon 元大統領にあてはめて "He has tried to **fool** too many of them too often." と述べた有名なアメリカの評論家もいる。

46

〔例〕 Somebody said, 'Hush,' and a clergyman began a prayer which I believe he must have **composed** himself. I had never heard it at any other funeral service, and I have attended a great number in my time.

だれかが「シーッ！」と言ったかと思うと，牧師は祈りを唱えだしたが，あれはきっとそうすることによって牧師が自分の**気を落ち着けよう**としたにちがいないと思う。銀行にいた頃私もずいぶんいろいろな葬式に参列したことがあるが，どんな場合でもそんな祈りは聞いたことがないからだ。

解説　ここはある格式の高い火葬場。葬られるのは「私」の母であり，喪主である私はすでに銀行を退職した独身の男性。参列者の数は多くはないが，ひつぎを前に，葬儀が始まろうとしている。そのとき，このしめやかな雰囲気を乱すような不謹慎なおしゃべりをする者がいたので，「シーッ」とだれかが注意したところである。

下線部の compose という語の構成要素は com-＝together (いっしょに), -pose＝place (置く) であって，これから辞書に掲げられている「構成する」「作文する」「作曲する」「落ち着ける」といった意味が出てくる。ここでは compose himself が問題であるが，次を比較：

(1) He tried to **compose himself.**
(2) He tried to **compose** it **himself.**

(1) 彼は気を落ち着けようとした。
(2) 彼は自分でそれを作文 (作曲) しようとした。

〔(1) の himself は再帰目的語，(2) は強調用法〕

ここでは (2) のほうで，compose の目的語は himself ではなく，prayer を先行詞とする関係代名詞 which であるから，下線部は「牧師は（葬式用のきまった祈禱文ではなく）自分で作文したにちがいない祈りを唱え始めた」という意味。

47

〔例〕 Some men tell us that they never **outlive** their sense of excitement on seeing the curtain go up at the beginning of a play.

ある人たちが私たちに言うには，芝居の初めに幕が上がるのを見たときに感ずる興奮の気持ちはいつまでも**残っている**ものではない，ということだ。

■解説　**outlive** は「〜より長生きする」というのが基本的な意味 (He *outlived* his wife.) で，He *outlived* his disgrace. といえば「自分の恥が世間に忘れられるまで生き長らえた」，The idea has *outlived* its usefulness. は「その考えは古くなって役に立たなくなった」の意。したがって He *outlived* his sense of shame. なら「年をとって恥を感じなくなった」であり，He never *outlived* his sense of wonder. は「どんなに年をとってもものごとに対する驚異の念を失わなかった」である。ここまでくればもう下線部の意味は明らかであろう。すなわち「興奮の気持ちを感じなくなるまで長生きすることはない → どんなに年をとってもわくわくする」ことを述べている。

◆注意　out- の付く重要語。たとえば He **outshines** all his classmates. は「彼はクラスで一番光っている」，They **outnumbered** their enemy. は「敵より数がまさっていた」，Her tongue **outran** her knowledge. では「(舌が知識をしのぐ→) 物も知らないのにぺらぺらよくしゃべった」

また「大きくなって靴がはけなくなった」という作文なら He has **outgrown** his shoes. とできれば，それこそその答案は他を outshine するだろう。

◈**参考**　残虐さをもって歴史に名をとどめるユダヤ王ヘロデにちなみ *out-herod Herod*（［残虐さ・極端さなどにおいて］ヘロデ王をしのぐ）という表現がある。これは Shakespeare が "Hamlet" で用いた句だが，"Othello" では，イアーゴーの奸計にはまって清純な妻デズデモーナを殺してしまったオセローは，真相を知ってうめく。

But why should honour **outlive** honesty? Let it go all.

（真心を失って，武勇の誉れが何になろう。失せてしまえ，ことごとく）

48

〔例〕 And she had a common accent in her speech. He **outdid** her a thousand **times** in coarse language, and yet that cold twang in her voice tortured him with shame that he stamped down in bullying and in becoming more violent in his own speech.

おまけに彼女の喋り方には下品なアクセントがあった。彼は荒っぽい言葉で千度も妻を**やっつけた**が，それでもなお彼女の声にある冷ややかな鼻にかかった訛(なまり)が彼を苦しめ，羞(は)かしさのあまり，彼は足を踏み鳴らして脅かし，言葉遣いはいっそう猛烈になるというふうだった。

▩**解説**　outdo ～ は「～をしのぐ，～にまさる」(＝do or be better than ～) の意である。

Girls **outdo** boys in talkativeness.

（おしゃべりでは男の子は女の子にかなわない）

a thousand times は文脈により ①「千回も；なんども」または ②「千倍も；ずっと」の意を表す。

◉したがって上の下線部は「（彼女も言葉遣いは下品だったが）下品な言葉遣いという点では彼のほうが彼女よりも千倍も上手(うわて)だった」の意。

◈**注意**　out- は (a)「外に」(b)「～以上に，～をしのいで」の意を添える接頭辞で，たとえば，

(a) outcome (結果),　output (生産，出力)
(b) outlive (～より長生きする),　outweigh (～より重い，～にまさる)
など重要な語も多い。また,

They stood in the narrow alley and stared at each other ... and at first it seemed a contest to **out-stare** each other.

—— Carson McCullers: *Clock without Hands*

のような例もある。out-stare は「にらむことで相手をしのぐ」であるから，この文は「二人は狭い横町に立ってにらみ合っていた…はじめはまるでにらめっこをしているようであった」の意。

◈**参考**　out- を接頭辞とする頻出語と a thousand times の用法を示す典型例を，入試問題より示す。

▷Those countries which developed first are beginning to exhaust or **outgrow** native supplies of raw materials.

(先進国は自国産の原料を使い果たすか，それだけでは間に合わなくなり始めている)

▷Few minds can deal with words with precision. But the effort must not be given up on that account. Rather, indeed it behoves us to be **a thousand times** more critical.

(言葉を正確に使える人はほとんどいない。だが，だからといって努力をやめてしまってはならない。いやむしろ，われわれは今より幾層倍も厳密に言葉を使うようにしなければならない)

4 助　動　詞

49

〔例〕 The feeling was the strongest he knew. He felt he **could** kill the bankers ...

だが彼にあってはこれほど激しい感情を抱いた例は他になかった。

彼は銀行家…を殺すことぐらい自分にだってできると思った。

▒解説 助動詞は曲者である。それこそ訳文を殺しかねない。can にかぎらず will, shall, may の過去形には仮定法的用法がある。最も一般的な場合は，「もし差支えなければ」といった気持が加わる，控え目，丁寧な表現である。

May I use your pen ? (ペンを借りていいですか)
Might I use your pen ?
([お差支えなければ] ペンを拝借できましょうか)

ところで，上のような場合の could は「〜できる」という能力ではなく，「できれば〜してやりたいくらいだ」の意を表し，殺してもあきたりない気持を述べている。

◈注意 この用法の could は過去のことを述べる過去時制ではなく仮定法的なものであるから，上の例で主節が現在時制でも can とはならない。次は could have＋p. p. の形をとった例。

How often have you not felt or heard others say: “She made me so furious I felt I could have killed her !”

—— Agatha Christie: *Curtain*

「あの女には殺してやりたいと思うくらい腹が立ったよ！」などと，君が感じたり，人が言うのを聞いたりしたことが，なんどだってあるだろう。

▶過去形 could と was able to の用法も区別しなければならない。

(a) I **could** swim across the river [if I tried].
(b) I **could** swim across the river [before I was eight].
(c) He **was able to** swim across the river.

(a) は「(かりにやれば) 泳ぎ渡れるだろう」で仮定法過去で現在のことを述べている。(b) は過去において「泳ぎ渡る能力を持っていた」状態を表す意味での「できた」で，(c) はある時「首尾よく泳ぎ渡った」ことを表す「できた」(＝succeeded in swimming across) である。(c) の場合に could を用いやすいので注意しなければならない。

◍次のような仮定法の could を用いた慣用表現も間違えやすい。

I **could**n't care less. ([気にする程度がこれ以下ということはありえないだろう→] 私は全然気にしない；僕の知ったこっちゃない)

50

〔例〕 'I heard what Dr Martin said. He's right, you know. I shall go at Christmas.'

Now, although I could have spoken, I was afraid to do so, lest she should hear from the tremor in my voice how much I was moved. She looked anxiously at me.

'Or do you think I should go at once? Is that what you think? Do you wish I'd gone before? You **must have noticed** that I was not doing my job as I should.'

「マーチン先生がおっしゃったことは聞きました。間違いないですよ，ね。クリスマスには退職しますわ」

いま，私は何とでも答えられたが，声がふるえて，どんなに感動しているか相手に知られそうだったので，話をするのがこわかった。彼女は不思議そうに私を見つめた。

「それとも，すぐやめるべきだと考えていらっしゃるの。そうなの。もっと早く，やめてほしかったの。自分でも仕事ができなくなっていたのに，**気がつくべきだったわ**」

▓解説　退職を口にしているのは，小学校で授業中に倒れた老女教師。40年以上もこの学校に勤めているが，ここ1，2年間は特に衰えが目立つようになり，人知れず医者の世話になることもいく度かあった。村の古老であるマーチン医師は彼女の身を気遣い，しばらく前から彼女に退職をすすめていた。その矢先のことであって，隣室で彼女の無分別を，同じ学校に勤める同僚の女教師である私に話して去っていったところである。

下線部の You must have noticed は「(私が教師としての仕事をきちんと勤めていないことに) あなたも**きっと気づいていたのでしょう**。(だのに，あなたは何も言わないでだまっていてくれたのね)」の意を表している。

◆注意　must には (1)「～ねばならない」と (2)「～にちがいない」の二つの主な意味があるが，完了形を伴う場合は「(過去において)～したにちがいない」の意味だけを表す。

(1) You **must** be home by 9.

(君は9時までに帰宅し**なければならない**)

(2) You **must** be tired.

(君は疲れている**にちがいない**)

これが完了形になると:

(1)′ You **must have been** home by 9.

(君は9時までに帰宅していた**にちがいない**)

(2)′ You **must have been** tired.

(君は疲れていた**にちがいない**)

● (a)「(過去において)～しなければならなかった」の意は **had to ～ で,** (b)「(過去において)～しなければならなかったのに(実際にはしなかった)」の意は should have p. p. または ought to have p. p. で表される。

(a) You **had to** notice it.

(君はそれに気づか**なければならなかった**)

(b) You **should** [*or* **ought to**] **have** noticed it.

(君はそれに気づく**べきであったのに**)

▶上文中の anxiously が翻訳では「不思議そうに」となっているが, これは少し無理で, やはり「気遣わしげに」に類した日本語でなければならない。念のため。

5 冠　　詞

51

〔例〕 Americans are hysterically anxious to have **the** good opinion of others.

アメリカ人は他人をよく思うことをヒステリー的に切望する。

▒解説　辞書を引けば have a good opinion of ～「～をよく思う，信用する」とでている。なぜミスなのか。よく見れば一方は定冠詞，他は不定冠詞である。英語では，名詞の前に置かれているのが定冠詞か不定冠詞か，あるいは無冠詞か，の違いは大きい。次のような文を比較:

{ The lawyer is *in possession of* the document.
{ The document is *in* **the** *possession of* the lawyer.

両方とも「その弁護士がその書類を所有している」の意であるが，下の文では，of the lawyer という句によって名詞 possession が限定される意味関係になり「弁護士の所有のなかにある」の意を表す。したがって，上の例文においても，have **the** good opinion of others の場合は「他人のよい意見を持つ→他人からよく思われる」ということになり，不定冠詞の場合とは逆の意味関係を表すことになる。

◈**注意**　次のような場合の同様な区別も理解しておく。

{ The new teacher is *in charge of* our class.
{ Our class is *in* [**the**] *charge of* the new teacher.
　(両方とも「その新任の先生がわれわれのクラスの担任」)

{ We came *in sight of* land. (陸が見えてきた)
{ All men are equal *in* **the** *sight of* God.
　(神の目から見れば人はすべて平等)

{ The president, *in view of* his election pledges, is doing his job poorly. (選挙公約を考えれば)
{ The president, *in* **the** *view of* many observers, is doing his job poorly. (多くの観察者の見るところでは)

52

〔例〕 "**The** man is mad!" exclaimed Adela tragically. A moment later it was Adela herself who appeared to go mad.

「男って気違いだわ！」とアディラは悲劇的に叫んだ。そして，すぐその後で気が狂ったように見受けられたのは，アディラの方であった。

▒解説　man は「人間，男，大人」その他の意味があり，単数形と複数形，冠詞の有無などによっても正しく意味が区別されなければならない。

① man … 一般に「人間，人類；男」

② a man … 不特定の「人，男」；一般的に「人」

③ the man … 特定の「その人（男）」

④ men … 一般に「人々；男たち」

⑤ the men … 特定の「その人（男）たち」

〔例〕の下線部は当然「この人頭がおかしいんだわ！」の意であって，「男って気違いだわ」という一般的な陳述は **Men** are mad. がふつうである。

53

〔例〕 It means that part of Tessie's pitch is that **women** aren't given a fair chance in this business.

テシーの観点からすれば，その女は映画界で正当なチャンスを与えられていないということさ。

▒解説 「その女」ならば the woman でなければならない。無冠詞の women は「(一般に) 女，女性」であることはいうまでもない。

54

〔例〕 In the outer office, the telephone rang and Lucille picked it up. "Mr. Winter's office."

An unfamiliar voice said, "Hello there. Is **the** great man in ?"

外側の事務室で電話が鳴り，ルシールが受話器をとった。「はい，ミスター・ウィンターズの事務所です」

聞きなれない声がいった。「もしもし，**その**偉い人はいらっしゃる？」

▒解説　定冠詞 the は特定のものを指す。特定のものを指す場合，日本語では「その」で表すことが多いが，いつでも「その」を訳に表すわけではない。the sun をまさか「その太陽」と訳す人はいないだろう。ある文脈のなかでそれとわかっている特定者（物）を指す場合にも，いちいち「その」とは言わない。授業中に「先生」といえば，それだけで特定の先生を指すことになるので，英語で the teacher だからといって「その先生」とは言わない。the boss を「その部長」「その社長」と訳すこともない。上の文でも，**the great man** は「副社長」を指しているが，こんな文脈で「その偉い人」とも「その副社長」とも日本語では言わない。「副社長さんいらっしゃいますか」がふつうである。

55

〔例〕 Most of the trouble he had brought upon himself, he saw, had come from his being the slave of his emotions. Very well, he would look before he leaped hereafter. The trick was to get his reason and his emotions pulling together in double harness, instead of letting them fly off in opposite directions, tearing him apart between them. He would try to give his head **command** and see what happened: then if head said, "Leap !" he'd leap with all his heart.

これまでわが身に招いたわざわいは，大てい，感情のどれいとなることから起こった，とかれは考えた。よし，これからはことわざ通り「よく見てから跳ぶ」ことにしよう。こつは，理性と感情に手綱をつけて両方一しょに引っぱらせることだ。お互いに二つが別の方向へ逃げ出して，自分がその間で引き裂かれることのないようにする。頭の方に命令を出して事態を見きわめ，頭が「跳べ」と言ったら，心の方を総動員して跳ぶのだ。

▒解説　もし下線部の command に不定冠詞 a が付いていたならば，上のように訳さざるをえないだろう。しかし a がないので文意はまったく異なる。

command は可算語としては「命令」の意で order と同じであるが，不可算語としては「指揮［権］，統率［権］；支配，抑制」などの意味を持つ。

give **a command**　「命令を下す」
give him **command**　「彼に指揮権を与える」

They obeyed his **command** quickly.
（彼らは直ちに彼の命令に従った）
The captain took **command** of the company.
（大尉が中隊を指揮した）

The hill gives you **command** of the entire town.
＝The hill *commands* a view of the entire town.
（その丘から町全体が一望の中に収められる）

したがって〔例〕の下線部も，「頭に命令を与える」のではなく，感情に支配されないように，「頭（理性）のほうに主導権を与え」，その命令に従うように努めようとしたことを述べていることになる。

◈**注意**　次のような基本語も，a の有無ないしは可算・不可算用法の区別を正しくしなければならない。

(1) A *work* of this nature can never be complete.
(2) They made *room* for us.
(3) He wants your *company*.
(4) It is their duty to keep *order*.
(5) a peace-loving *people*
(6) Western *democracies*

(1)「この種の作品」(「この自然の仕事」ではない)　(2)「場所をあけてくれた」(「部屋を作ってくれた」ではない)　(3)「彼は君とのつきあいを望んでいる」(「君の会社」ではない)　(4)「治安を維持する」(「命令を守る」ではない)　(5)「平和を愛好する国民」(「人々」ではない)　(6)「西欧民主国家」(「民主主義」ではない)

6 形 容 詞

56

〔例〕 He felt <u>he was being **rude**,</u> and turned to one of the book cases.

彼は<u>心が**荒々しくふるえる**</u>のを感じ，急いで本棚のほうに向きを変えた。

解説　彼の視線は若い女性に向けられていたのである。したがって男性たるもの心が荒々しくふるえることもあり得るわけだが，rude に「荒々しい」といった意味はあっても「心がふるえる」こととは関係ない。ここでは，我知らずじっと女性を見つめていた自分の行為を「失礼な」ことだと感じて，向きを変えたことを述べている。It is *rude* to stare at people.（人をじろじろ見るのは無作法なことだ）といった用例もよく辞書に出ている。

◈注意　次のような単純形と進行形の意味を区別:

He is rude.（彼は無作法な男だ）
He is being rude.（彼は無作法なまねをしている）

You are naughty.（お前はいたずらだ）
You are being naughty again.（またいたずらをしているな）

She is a good girl.（彼女はいい子だ）
She is being a good girl today.（今日はいい子にしている）

57

〔例〕 She is eating the grapes and spitting the pips into an envelope. Her aim is <u>**accurate.**</u>

彼女はぶどうを食べながら種を封筒の中へはき出す。彼女の目的は<u>明らか</u>である。

▨解説　この訳文に当てはまる英語は obvious である。であれば，「彼女のそういう行為の目的ははっきりしている」という意味を表す。この英文の意味は「彼女の狙いは正確」なのであって，種が，狙いがはずれて外に落ちることなく封筒の中にはいることを述べている。

◈注意　accurate に類する exact, precise [prisáis] などと，obvious に類する plain, clear などとの意味の違いは「明らか」であると思うが，訳文にも「正確に」表すことが望ましい。

◈参考　上文のように，ぶどうのような小さな「種」は pip であるが，桃などの大きな種は stone，一般語は seed である。その他，比喩的にもさまざまな表現があるが，次の「種」を含むきまり文句・諺が埋まるだろうか。

「不和の種」: an (1) of discord
a (2) of contention
「苦痛の種」: a (3) in the flesh
「世に驚きの種は尽きぬ」: (4) will never cease.
「蒔かぬ種は生えぬ」: You cannot make an (5) without breaking eggs.

《上の空所に入る語》 1 apple　2 bone　3 thorn　4 Wonders　5 omelet[te]

58

〔例〕 I hope he doesn't lose, he's a **bad** loser.
彼負けなければよいけど。<u>下手</u>なのよ！

▨解説　玉突きをしに行った夫についての妻の言葉。「下手」といえば be poor (bad) at ～, be a poor hand at ～ などが頭に浮かぶはずだが，a bad loser を「下手」と訳すのは，いかに訳文の自然さを尊ぶ翻訳においても少し無理だろう。a *good* loser とは「負けても怒ったりしょげたりしない人，負けっぷりのいい人，いさぎよい敗者」であり，a *bad* loser はその反対で

「負けてぶつぶつ言ったり，未練がましかったり，負け惜しみを言ったりする人」のことである。彼女の夫はその種の人間で「負けると後がたいへんなの」で，勝たせたがっているのである。

◈**注意**　同様に a *bad* sailor といえば「悪い船員」ではなくて，すぐ酔ったりする「船に弱い人」をいい，a *good* sailor といえば「船に強い人」のことである。

59

〔例〕 He woke up feeling good. There was no reason for him to wake up feeling anything else.

He was an **only** child. He was twenty years old. He was over six feet tall and weighed 180 pounds and had never been sick in his whole life. He was number two on the tennis team ...

彼はいい気分で目をさました。いい気分以外の気分で目をさます理由がなかった。

彼はほんの子供だった。20歳だった。身長6フィート以上，体重180ポンド，生まれてから今まで一度も病気をしたことがなかった。テニスのチームではナンバー2であり…

▩**解説**　only は形容詞として用いられる場合と，副詞として用いられる場合がある。

(a) He is *an* **only** child. (彼はひとりっ子だ)

(b) He is *the* **only** child in the room. (部屋の中で子供は彼だけだ)

(c) He is **only** *a* child. (彼はほんの子供にすぎない)

(a) (b) のように冠詞のあとにおかれて名詞を修飾するのが形容詞用法，(c)は副詞用法である。〔103 ページ参照〕

◈**参考**　例を二種，示しておく。

(a) Minna spoke emotionally about her mother. She was *an* **only** child.

—— Saul Bellow: *The Dean's December*

ミナは感情をこめた口ぶりで母のことを話した。彼女はひとりっ子だったのだ。

(b) Andrew fell in love with Frances. He was ... *the* **only** child of happily married parents. Frances too was *an* **only** child.

—— Iris Murdoch: *The Red and the Green*

アンドルーはフランシスと恋におちた。彼は幸せな結婚生活を送っている両親の一粒種であった。フランシスもまた，ひとりっ子だった。

60

〔例〕 You poke fun of me. That's **mean**, that's not worthy of you, Piet. Piet ?

私をからかうのね。からかうってのはあなたと踊る値打ちがない女っていうことね。ピエット，ピエット？

▒解説 受験生はよく mean (意味する；卑劣な) と means (手段) と meaning (意味) などの品詞や意味を混同したりする。この訳では That's *mean* (形容詞) が That *means* (動詞) と解されている。文脈からの思い込みや不注意な読み違えがよくこの種の誤訳を生むが，正しくは「そんなのきたないわ，あなたらしくないわよ」といった意味を表しているということは，説明するまでもないだろう。

◈注意 この文についてももう一箇所確認しておかなければならない。that's not worthy of you は，「私はあなたに値しない」ではなく「その行為はあなたにふさわしくない」が正しい。

61

〔例〕 "Description of the man ?"

"I can't tell you much, I'm **afraid**. It all happened so suddenly, and the light wasn't good."

「その男の人相は？」
「**おそろしかった**ので，あまりよくわかりません。それこそアッという間のことだったし，明りもあまり明るくなかったので」

解説　I hope が望ましいことを述べるときに用いるのに対して，I'm afraid は望ましくない内容を述べるときに添える表現である。「懸念」を表しているが，「恐怖」は含意しない。この I'm afraid, I hope はそのような心理的色彩を帯びた表現であるが，日本語の訳の上では，無色の I think の場合と同じような訳ですませてしまうことが多い。

He knows the fact, **I hope.**

（彼は事実を知っているんじゃないかな［そうであることが望ましいが］）

He knows the fact, **I'm afraid.**

（彼は事実を知っているんじゃないかな［知らないほうがいいんだが］）

上の英文も同様で「（詳しく話せればいいのだが）残念ながらあまりよくわかりません」の意を表している。

62

〔**例**〕 Morning is not a good time for him. Too many details crowd his mind. Brush his teeth first? Wash his face? What pants should he wear? What shirt? The small seed of despair cracks open and sends experimental tendrils upward to the fragile skin of calm holding him together. *Are You on the* ***Right*** *Road?*

朝は苦手だ。つまらない事がわっと頭に押し寄せてくるから。まず歯を磨こうか？　それとも顔を洗うのが先かな？　どのズボンを穿こうか？　シャツはどれを？　絶望のちっぽけな種子がはじけて割れて，おずおずと巻きひげを伸ばし，かろうじて平静を装っている傷つき易い皮膚をまさぐる。右側通行ヲ守ッテイマスカ？

解説　主人公は18歳の高校生。朝，目がさめて，まだベッドの中。起きるのは億劫(おっくう)だ。なにかお題目でも唱えなければ。なんならバンパー・ステッカーのスローガンだっていい。高速道路を走っている車にはいろんなのがはってある。「動物にやさしく―ビーバーにキスを」なんてふざけたのから,「私には夢がある―法と秩序」といった所信めいたものまで……

上の文の下線部は，このようにして主人公の頭に浮んだステッカーの文句の一つであるが，right はもちろん「右」ではなく，「正しい」のほうであって，「あなたは正しい道の上にいますか」すなわち「道を違えちゃいませんか」という意味である。これは8か月の精神病院生活から家にもどってきた主人公の不安な気持も表している。

◈**注意**　「右側通行を守る」は ‘keep to the right [of the road]’ と言う。

また **in** the right は「正しい」であり，**on** the right は「右側に」である。

right のもう一つの大切な意味は「適切な」である:

the **right** man in the **right** place (適材適所)

また，副詞用法で誤りやすい場合もある。たとえば

He went **right** to the end of the road. といえば

「彼は**右に**曲がって道路の端まで行った」ではなく

「彼は**ずっと**道路の端まで行った」

の意である。すなわち，この right は **right** now (今すぐに) などと同じく，強意的に用いられた場合である。(次項63の〔例〕の英文の2行目の right も同じ用法のものである)

◈**参考**　right を含むよく用いられる諺は,

Might is **right**. (力は正義なり；勝てば官軍)

であるが，Abraham Lincoln は次のように述べている:

It has been said of the world's history hitherto that **might is right**. It is for us and for our time to reverse the maxim, and to say that **right makes might**.

(世界の歴史について，従来，力は正義であると言われてきた。われわれとわれわれの時代がなすべきことは，この格言を逆にして，正義は力であると言えるようにすることである)

63

〔例〕 The trouble with them is they've taught the people to despise the **wrong** things and it's boomeranged right back at them.

この人たちが困っている問題はですね，民衆に不正をさげすむよう教えておきながら，それがブーメランのように自分にはね返ってきていることなんです。

▩**解説**　wrong は right (正しい) の対照語で，「悪い」が代表的な訳語になっているが，right の意味が (a)「(道徳的に) 正しい」と (b)「適当な」に区別されるように，wrong の「悪い」も (a)「不正な，邪悪な」(＝evil, unjust) なのか，(b)「間違った，適当でない」(not correct, not suitable) なのか，はっきり区別されなければならない。

(a) a **wrong** deed 「不正な行為」

(b) the **wrong** number 「間違い電話(の番号)」

the **wrong** thing to say「言うべきではないこと」

したがって

They are suspecting the **wrong** people. は

「彼らは邪悪な人々を疑っている」のではなく

「彼らは無実の人たちに嫌疑をかけている」

のである。嫌疑をかける対象を「間違って」いるわけだ。

〔例〕の文でも，wrong は (a) の意味ではなく (b) の意味であるから「不正」ではなく，「軽べつすべきではないことを軽べつするように教えた」ということを述べている。

◈**注意**　〔例〕の英文の最初の部分 The trouble with them is ... は，上の翻訳文のように

「この人たちが困っている問題は…」ではなく，

「この連中について困ったことは…」である。たとえば

The trouble with you is that you lack common sense.

〔誤〕「君が困っているのは常識のないことだ」

〔正〕「君の困った点は常識のないことだ」

▶上の訳文では and 以下も The trouble の内容に含められているが，これは and の前で切り離して考えるべきである。すなわち「この連中の困った点は，民衆に軽べつすべきでないものを，軽べつするように教えたことで［す。そして］今それがブーメランのように自分にはね返ってきているのです」という内容が述べられているのである。

64

〔例〕 Each individual before doing anything must decide for himself and at his own risk what he is going to do. But this decision is impossible unless one possesses **certain** convictions concerning the nature of things around one, the nature of other men, of oneself.

人はみな何か事をなす前に，どんなことをするつもりなのかを，まず自分だけの力で自分の責任において，決めなくてはならない。しかしこの決定を下すことは，人が自分の周囲の事物の性質と，他の人の性質と，自分自身の性質に関して**確固たる**確信がもてなくては，できないことである。

解説 形容詞には (1) 名詞の前に置かれる Attributive Use (限定用法) と (2) 補語として用いられる Predicative Use (叙述用法) とがある。

(1) This is an *expensive* book. (これは高価な本だ)

(2) This book is *expensive*. (この本は高価だ)

たいていの形容詞はこの両方に用いられるが，形容詞によっては次のようなものがある：(a) 限定用法のみ (b) 叙述用法のみ (c) 両方用いるが意味が異なる。

(a) The **principal** reason is financial. (**主な**理由は経済的なものである)

(b) My sister is very **subject** to colds. (妹はとても風邪をひき**やすい**)

(c) (1) Who is the **present** mayor of this city ?

（この町の**現在の**市長は誰ですか）

(2) The mayor is **present** at the party.

（市長がパーティに**出席して**いる）

certain は (c) に類し，限定用法ではふつう「ある～」(=some)，叙述用法では「確かな」(=sure) の意を表す。

(1) **Certain** people believe so.（ある人々はそう信じている）

(2) People are **certain** that he will be elected.

（人々は彼が選ばれることを**確信して**いる）

〔例〕の下線部も「(何らかの) **ある確信**がなかったならば」の意を表している。

◈**注意**　同様に on **certain** conditions, for a **certain** reason といえば「確かな条件 (理由) で」ではなくて「(いちいち具体的に示さないが) ある条件 (理由) で」の意。ただし，限定用法でも「確かな」を意味する場合もある。

There is no **certain** cure for this disease.

（この病気に**必ず**効くような薬はない）

〔例〕と同じ場合でも，次の Gandhi の言葉のように所有格が先行するような形では「確かな」の意を表す。

It is *my* **certain** *conviction* that no man loses his freedom except through his own weakness.

（いかなる人間も自己の弱さによらずして自由を失うことはないというのが私の**確たる**信念である）

65

〔例〕… when one and all asked with their ravenous eyes and, occasionally, in **so many** words: "How do you feel?" and "Are you scared?" it made Jane want to laugh, but in fact she couldn't even manage a smile.

一人残らず，むさぼるような目で，そしてときには**百万言**を費やして，「いまどんなお気持ですか？」「こわくないですか？」と問いかけたとき，ジェーンは笑い出したい気持になった，しかし実際は微笑に頬を弛めることすらできなかった。

▒解説 so many は (1)「非常に多くの」という意でも用いられるが，(2)「それと同数の」のこともある。

(1) **So many** people were killed in the accident.
(その事故で非常に多くの人が死んだ)

(2) He regarded these misfortunes as **so many** blessings in disguise.
(彼はこれらの不幸を姿を変えた幸福とみなした)

(2) では，かりに不幸の数が 10 であれば，それを 10 の幸福とみなした，という意味関係を示すが，それをいちいち「同数の」という訳には表さない。

◉ところで，**in so many words** の so many も「同数の」だが，これはもう固定した成句になっていて，「(それと同数の言葉で→) あからさまに言葉に表して；はっきりと」と訳すのがふつう。

だから，〔例〕では，「取材に来たすべての記者たちの，むさぼるような好奇の目が一様に『どんなお気持ですか』という質問を彼女に投げかけていただけでなく，なかにはあからさまに言葉に出してそう尋ねるものもいた」といったことが述べられているのであって，言葉数でいえば「百万言」ではなく，"How do you feel ?" とか "Are you scared ?" という，たった 4 語か 3 語なのである。

◈参考 例を一つ：

To talk about it **in so many words** was forbidden, of course. The very words *death*, *danger*, *bravery*, *fear* were not to be uttered except in the occasional specific instance or for ironic effect.

—— Tom Wolfe: *The Right Stuff*

もちろん，そのことをあからさまに口に出して話すことは禁じられていた。死，危険，勇気，恐怖といった言葉そのものも，ときたま特定の事例が生じたときとか，皮肉な効果をあげようとする場合を除けば，口にしてはならなかった。

◈注意 **so much** も (1)「(不可算名詞について) 非常に多く(の)」，(2)「それと同じ量(の)」の意を表す。

(1) "Yes, it is sad when people worry. There is **so much** to worry one."

—— Agatha Christie: *Nemesis*

「そうね，人が悩んでいるときって悲しいものですね。悩みの種っていろいろありますわね」

(2) Yet it was clear to him that his three weeks at Stotwell had been **so much** wasted time.

—— John Wain: *Hurry On Down*

しかし彼には，ストットウェルで過した3週間はまったくむだな時間であったということが明らかだった。

●(2) では，*so much* wasted time は「それと同量の (すなわち，3週間の) 浪費された時間」の意であるが，ふつう，そのような直訳はしない。

▶**as much** も「それと同じだけ多く」の意を表すが，文脈によりそのまま直訳しない場合も多く，次のような例においても注意を要する。

My father proudly confirms that she had indeed been the most flawless legal secretary ever to work for the firm —— Mr. Clark had written **as much** to him in a letter of congratulation on the occasion of their engagement.

—— Philip Roth: *The Professor of Desire*

父は誇らしげに，あの事務所の歴代秘書中母さんは掛け値なしに随一だったんだ，と主張する。クラーク氏が二人の婚約を祝した手紙の中でそのことを書いていたのだ。

●この as much は「それと同じだけのこと→その通りのこと」の意を表し，in so many words の場合と同じく，「…手紙の中ではっきりそう書いていた」ぐらいに訳しておいたほうが，この表現のニュアンスをよく伝えることができる。

66

〔例〕 She would tell anecdotes and act them out, recounting, for instance, an episode in the life of the Emperor Napoleon:

tiptoeing in his library to reach for a book and intercepted by Marshal Ney (Mother playing both characters, but always with humour): 'Sire, allow me to get it for you. I am higher.' And Napoleon with an indignant scowl saying: **'Higher? Taller!'**

母はよく歴史のこぼれ話を聞かせてくれた，それを身振りでやってのけるのである。たとえば，ナポレオン皇帝の生涯の一つのエピソードを語るわけであるが，ナポレオンが自分の書斎で，本を取ろうとして爪立ちをしていると，それをとめるかのように，ネイ元帥がこう言う（母はいつでもユーモアたっぷりに，この二人の人物を演じて見せながら話す），「陛下，私に取らせてください，私のほうが高いですから。」するとナポレオンが眉をよせ，憤然として言う，「**高いって？おれより背が高いだって！**」

▨解説 'Higher? Taller!' というたった二言(ふたこと)に，皇帝ナポレオンの面目躍如たるものがある。ただし，このエピソードの内容は，背が低いことにコンプレックスをいだくナポレオンが，側近将軍が自分のほうがナポレオンより「背が高い」と言ったことに腹を立てて，「お前のほうがおれより背が高いだって」とどやしつけたというのでは，もちろんない。

◉ポイントは high と tall という形容詞の使い分けと，「？」と「！」という句読点（発話する場合はイントネーション）の違いである。

もし，ネイ元帥が 'I am **taller**.' と言っていれば，ナポレオンは気色ばんだりはしなかったのである。それはただ「私のほうが背が高い」と言うだけで，場合によってただ「ノッポ」であり，独活(うど)の大木の連想を生むだけに止まるだろう。だが 'I am **higher**.' と言えば，「背丈」ではなく「地位」が高いことになる。皇帝という至高の (highest) 地位にあるナポレオンに向かって「私はあなたよりも高位にある」と言ったことになる。

ネイ元帥にそのつもりはまったくないことは明らかであるが，ナポレオンはそれを聞きとがめて「なにを不遜な」とばかり，"誤用訂正" したわけである。文中の She はチャップリンの母であるが，彼女がこの二語を発するときの，絶妙のエロキューションを想像するのも楽しいことである。

◉というわけで，丁重を極めたつもりの元帥の言葉遣いにもかかわらず，ナポレオンが渋面と激怒をもって口にした二語は，日本語に訳せば，

「'高い' だと？　'背が高い' と言うんだ！」

という甚だピンとこないせりふになってしまい，原文の効果はみじめに損われてしまう。

▶なお，この場合のイントネーションは，

'Higher? (↗)　Taller! (↘)'

というふうに，強い上昇調と下降調を区別する。

◈**注意**　一般に，(a) **tall** は人・木・煙突など，細くて長いものの高さについて用い，(b) **high** は（地位・値段その他に広く用いられるが）有形のものについては ①「下から上までの高さ」と ②「地面からの高度」の両方について用いる。

(a) There is a **tall** tree in our garden.
How **tall** is the man?

(b) ① How **high** is the mountain?
② How **high** is the airplane?

▶「建物」には tall, high いずれも用いるが，a **tall** building と言えば「下から上までの細長さ」を，a **high** building と言えば「地面からの高さ」を，それぞれ表すことになる。

▶もし上のエピソードのように，

I am **higher** than you.

と言えば，すでに説明したように「僕は君より背が高い」という事実を述べることにはならず，「地位」や「位置」が高いことを表すことになるが，たとえば，椅子の上に乗っかった子供が，「ぼく父さんより高いよ」と言うような場合にも成り立つ表現である。

◈**参考**　high の反対語は low であり，tall に対して「背が低い」ほうは short である。したがって，low を人の背丈について用いることは現代ではまれであるが，Shakespeare にはその楽しい用例がある。『真夏の夜の夢』で，ハーミアとヘレナがののしりあう場面。ヘレナに「なにさ，このあやつり人形」とけなされて頭にきたハーミアは次のように言う。

How **low** am I, thou painted maypole?　speak;

How **low** am I? I am not yet so **low**
But that my nails can reach unto thine eyes.

私がどんなに低いのさ，この塗りたくったのっぽ竿。言ってごらんよ。私がどんなに低いのさ。でも言っとくけどさ，どんなに低くったって私の爪があなたの目に届かないほどじゃないのよ。

▶**but that** は but だけを単独に用いることもあるが，that ～ not の意を表す:

No man is so wise **but** he may be deceived. (だまされることがないほど賢い人はいない／どんなに賢い人でもだまされることがある)

7 副　　詞

67

〔例〕"**Practically** all the major technological changes since the beginning of industrialization have resulted in unforeseen consequences. Our very power over nature threatens to become itself a source of power that is out of control.

実際，工業化が始まって以来のすべてのおもな技術面の変化は，予測しがたい結果を生じてきている。我々の自然への支配力そのものが，制御できない力の源に，いまにもなりそうである。

▨解説　practically は次のような用例では「実際」という文字が訳文に表れる。

① You must think **practically**. (＝in a practical way)
(実際的な考え方をしなければいけない)

しかし practically のもう一つの大切な意味は「事実上 (～も同然)」である。

② The work is **practically** finished. (=virtually)

(仕事は終ったも同然だ)

practically は all, every, no などと結び付いた場合は ② の意味を表し，〔例〕の英文も「**事実上（ほとんど）**すべての大きな科学技術上の変化は」のように訳されなければならない。

◈**参考**　every と用いられた例を示しておく。

"He's certainly doing a great deal for Rendang."

"They don't think so here. They think he's awful."

"Who thinks so ?"

"**Practically** everybody."　　　——Aldous Huxley: *Island*

「彼はたしかにレンダンのために大きな貢献をしているようだね」

「ここの人たちはそう思っていない。ひどい人間だと思っている」

「だれが」

「**事実上**だれもみんなが」(「実際すべての人が」ではない)

68

〔**例**〕 No one is happy unless he is **reasonably** well satisfied with himself, so that the quest for tranquility must of necessity begin with self-examination.

たしかな判断の上に立って自分に満足しているのでなければ，誰しも幸福にはなれないのだから，心の平安を求めるには，まず自分自身の検討から出発しなければならない。

▩**解説**　副詞のなかには，辞書に与えられている訳を直訳的に対応させるだけでは処理しきれないものがある。簡単な例をあげれば，

His courage may **justly** be praised.

〔誤〕「彼の勇気は正当にほめられるかもしれない」

〔正〕「彼の勇気は賞賛されて然るべきであろう」

したがって，副詞に対しては，文修飾か語修飾かをまず区別し，その上で文脈に合った適当な語義を選ぶ，といった注意が必要であるが，上の

reasonably は大別して

A　語修飾　① 合理的に (in a reasonable manner)　② ほどほどに (to a moderate degree)

B　文修飾　③ 道理にかなって；～はもっともだ

という三つの場合がある。訳文では ① の意味に解して訳を工夫したわけであるが，このような場合は ② が正しい。すなわち「(完全に満足していなくても) まあまあといえる程度に満足しているのでなければ」の意を表している。

◈**注意**　次のような場合の副詞の修飾関係や意味の区別を正しく理解しておかなければならない。

(a) I remember it **well.** (=I well remember it.)
(b) You may **well** believe it.

(a) 私はそれをよくおぼえている。
(b) 君がそれを信じるのは当然だ。

(a) He is managing the matter **wisely.**
(b) He is **wisely** staying at home today.

(a) 彼はその件を賢明に処理している。
(b) 彼が今日外出しないでいるのは賢明なことだ。

(a) He saw the difference **clearly**.
(b) He **clearly** saw the difference.

(a) 彼はその違いをはっきりと認めた。
(b) 彼がその違いを認めたことは明らかだ。

(a) I don't **particularly** want to see him now.
(b) I **particularly** don't want to see him now.

(a) 私は別段今彼に会いたいとは思わない。
(b) 私は今特に彼に会いたくないんだ。

(a) Crime **necessarily** doesn't pay.
(b) Crime doesn't **necessarily** pay. 〔部分否定〕

(a) 犯罪が得にならないのは理の必然だ。
(b) 犯罪はかならずしも得にならない。

69

〔例〕"I've got a lot of office homework too."

"Oh, yeah, of course. We gotta do our homework."

Phil was less than sympathetic to my serious involvement with a lot of business issues (e. g. draft cards). So I had to hint at their significance.

"I'm **down** in Washington a lot. I'm arguing a First Amendment case before the Court next month. This high school teacher ..."

「自宅に持ち帰る事務所の仕事もたくさんありますからね」

「そりゃそうだ。自宅でしなければならぬ仕事もむろんある」

フィルは多くの緊急を要する訴訟問題（たとえば，徴兵カード破棄事件）にぼくが深くかかわっていることについてあまり同情を示さなかった。だから，その意義をほのめかさざるをえなかった。

「ぼくはワシントンで，**悪戦苦闘**してましてね。来月の公判の前に連邦憲法修正第一条訴訟について弁護することになっている。この高校教師訴訟問題……」

▩**解説**　弁護士である'私'は，若妻を失って2年ほどになる。働き盛りの独身生活に，別に不便も感じていないが，義父であるフィルは再婚をしきりにすすめる。仕事ばかりしていないで，少しは女性との交際も心がけねばと，夜はどうしているのかと尋ねるところである。

下線部の down は「下に，倒れて」といった意味は表していない。当人はニューヨークに住んでいるが，仕事の関係で「ワシントンにもよく行くんですよ」と身辺の多忙を説明しているのである。

◈**注意**　be *down* あるいは feel *down* といえば「元気がない；消沈した」の意である。down and out ならば「落ちぶれ果てて；素寒貧の」であり，George Orwell に "*Down and Out* in Paris and London"（パリとロンドンのどん底生活）という体験記もある。

◎ところで，場所を表す場合，up に対して down は文字通り「上—下」，「高—低」，「上り—下り」，「上流—下流」などの関係を表すほかに「北—南」，「都会—地方」，「内陸—海岸」などの関係も示す。日本語でも「北上—南下」，「上京—下阪」といった表現もあるが，多くは訳には表れない。

We drove **down** from New York to Richmond.

（ニューヨークからリッチモンドまで車で行った）

He is flying **up** to Glasgow from London.

（彼は飛行機でロンドンからグラスゴウへ行くことになっている）

〔例〕の down は次のような用法と同じである。

I'll be **down** in London all the week.

（一週間ずっとロンドンに滞在します）

ロンドンは首都であるから地方からロンドンに出る場合は go **up** to London であるが，ロンドンより北の都市などに住んでいる人にとっては **down** in London ということになる。

◎up はまた話し手のほうに近づく場合にも用いる。

He came **up** to me and asked my name.

（彼は私のほうに近づいてきて名前を尋ねた）

up and down は「上下」を表すこともあるが，次のような場合は，坂道を「上ったり下ったり」ではない。

He walked *up and down* the street.

（彼は通りを行きつ戻りつした）

▶なお，〔例〕の終りのほうにある **before** the Court の before は「時」を表すように訳されているが，これは「裁判が始まる前に」ではなく，「裁判所で，法廷で」の意味であり，主人公が「来月法廷で連邦憲法修正第一条にかかわる事件を弁護することになっている」ということを述べている。

70

〔例〕 We do not trust educated people and rarely, alas, produce them, for we do not trust the independence of mind which **alone** makes a genuine education possible.

我々は教育のある人を信用しないし，悲しいことには，教育のある人をめったに作ることもしない。というのは，**それだけで**真の教育を可能にするような精神の独立性というものを，我々が信用していないからである。

▩解説　まず次の二つの文を比較:

(1) He **alone** can do it.
(2) He can do it **alone**.

(1) 彼だけがそれをすることができる。
〔=**Only** he can do it.〕

(2) 彼はそれをひとりですることができる。
〔=He can do it **by himself**.〕

この区別を認めたうえで，〔例〕にもどる。その際，関係代名詞を具体的な先行詞で置きかえ，関係詞節を切り離して独立した文にして考えてみると:

The independence of mind **alone** makes a genuine education possible.

〔誤〕 精神の独立性は**それだけで**真の教育を可能にする。

〔正〕 精神の独立性**だけ**が真の教育を可能にする。

◈注意　上の説明中の言い替えからもわかるように，alone が only の意味を表す場合の，only との語順の違いにも注意しなければならない。この〔例〕の文も，念のために only を用いて書き換えれば，次のようになる。

Only the independence of mind makes a genuine education possible.

◉次のような簡単な文でも誤訳の恐れがある。

He did the job for money **alone**.

〔誤〕 彼は金のためにその仕事を**ひとりで**した。

〔正〕 彼は**ただ**金のためにその仕事をした。
〔=He did the job **only** for money.〕

◈参考　(a) 入試問題と，(b) その他の文と，一題ずつ掲げておく。文脈から，alone の意味の区別ができるかどうか，ためしていただきたい。

(a) No society has yet eliminated poverty, slums and starvation, but material progress **alone** can provide conditions for such an achievement.

(b) In the past, artists and writers were able to perform **alone** this prime function of culture, the adaptation of man's ideals to the material world in which he lived.

〔訳〕 (a) 貧困と貧民街と飢えを撲滅した社会はないが，物質的な進歩**だけ**が，そのようなことを達成できる条件を提供することができる。

(「～提供できるのは物質的な進歩**だけ**」のように訳してもよい)

(b) 過去においては，芸術家と作家は，文化が果たすべき第一の役割，すなわち，人間の理想を自分が住む物質的な世界に適合させるという役割を，**彼らだけで**果たすことができた。

(「今日では事情は異なり，彼らは科学者の協力を必要としている」という趣旨の文がこれに続くことも考え合わせると，この alone の意味が，いっそうはっきり読みとれるだろう)

71

〔**例**〕 She pointed to the landscape and said, 'Isn't that beautiful out there!' I looked out, and she was right. ... And he, **too**, directed my attention to landscapes.

彼女は窓外の風景を指さして，「あそこ，きれいじゃない！」といった。外に目をやると，彼女のいうとおりだった。…さらに彼は，さまざまの風景にわたしの注意を向けてくれた。

解説　too や only のような副詞は，文中に置かれる位置によって修飾関係が異なる場合が多い。

(1) He talked about her, **too.**

(2) He, **too**, talked about her.

(1) では，強勢の置き方によって三通りの意味を表す：

(a) (He に強勢)「彼も彼女について話した」

(b) (talked に強勢)「彼は彼女のことについて［考えるだけでなく］話しもした」

(c) (her に強勢)「彼は彼女のことも話した」

しかし，(2) の語順では次の意味しか表さない。

(2)「彼もまた彼女のことを話した」〔＝(a)〕

〔例〕の訳文では，ややあいまいであるが，(b) と同じように「さらに…することもした」と，動詞を修飾するように解されているが，ここははっきりと「[彼女だけではなく] 彼もまた…注意を向けた」のように，主語を修飾するように訳さなければならない。

◈**注意**　もし (2) で，too の代りに also が用いられた場合，すなわち，

He **also** talked about her.

ならば，これは (1) と同じように，強勢の置き方によって「彼も」「話すことも」「彼女のことも」という三通りの修飾関係が成り立つ。

▶副詞の位置とその修飾関係や表す意味に関しては，次のような場合にも注意する。

(1) 位置によって修飾関係が異なるもの:

Nearly everybody fainted. (ほとんど皆失神した)

Everybody **nearly** fainted. (皆ほとんど失神しそうになった)

(2) 位置によって異なった意味を表す場合:

In time I shall finish. (やがて；そのうちに)

I shall finish **in time**. (間に合って；遅れないで)

(3) 位置が異なっても意味は同じ:

He could **only** succeed by hard work.

He could succeed **only** by hard work.

(勤勉によってのみ成功できるだろう)

(4) 区切り方によって二通りの解釈ができる場合:

Candidates who fail **often** do not read enough.

(a) 何度も失敗する受験生は読書が足りない。

(b) 失敗する受験生はしばしば読書が足りない。

I did not follow your meaning **precisely** because you talked at too great length.

(a) 君が長々と話したので君の言う意味が正確に理解できなかった。(follow を修飾)

(b) 君が長々と話したというまさにその理由により，君の言う意味が理解できなかった。(*because*-Clause を修飾)

72

〔例〕 As is well known, the younger the pupil is when he starts to learn a language, the easier the task is for him: he has a greater ability to pick up a language, to acquire it **simply** by hearing and seeing it used in a normal way.

よく知られているように，外国語を習いはじめる時，生徒の年齢が若ければ若いほど，学習は生徒にとってやさしくなる。生徒には，言語を自然に覚える能力，つまり言語がふつうに用いられるのを見たり聞いたりすることによって**簡単に**それを習得する能力がずっと大きいのだ。

解説　一見 simple に見えるが，‘simply’の用法や修飾関係は必ずしも単純そのものではない。

(a) She is **simply** dressed.（質素なみなりをしている）

(b) He did it **simply** for her sake.（ただ彼女のためにそうした）

(a) では動詞 dress を修飾しているが，(b) では副詞句 for her sake を修飾している。したがって，

He wrote **simply** to please them. のような文では，

(a)「彼らを喜ばせるために平易に書いた」

(b)「ただ彼らを喜ばせるために書いた」

という二通りの文意が成り立ちうるし，

He lived **simply simply** because he was compelled to do so.

（彼はただやむをえず，質素な生活をした）

のように，動詞と副詞節をそれぞれ修飾する二つの simply を併用する文もありうる。

〔例〕における simply は acquire という動詞ではなく，by hearing ... という副詞句を修飾する場合で「ただ言語がふつうに用いられるのを聞いたり見たりすることによってその言語を習得する」という意味である。

参考　この simply (by ~) は merely と同義であるが，merely by ~ の形

式を示しておく。

One can no more write good English than one can compose good music **merely** *by* keeping rules.

（ただ規則を守るだけではよい英語が書けないのは，ただ規則を守るだけでよい音楽が作曲できないのと同じである）

73

〔例〕 These character traits do not **simply** arise from (*or* reflect) outside pressures on people.

右に述べたような性格特性は，人間に加えられる外圧を原因とし（あるいはその反映とし）て**簡単に**生まれたりはしない。

解説 前述のように simply は「簡単に」と「ただ単に」の意味を区別しなければならない。not simply は not only と同義であり，「ただ単に外部の圧力から生じる（か，外部の圧力を反映する）のではない」と解するのが正しい。次は「簡単に」の例:

"I know," he said **simply**.

——Pearl Buck: *The Frill*

「わかってるよ」と彼は簡単に答えた。

◈参考 simply が動詞の前に置かれて強意的に用いられて「全く；どうしても；ただもう」などの意を表すことがある。次はその用法の例:

He **simply** could not stand still.

——Roald Dahl: *My Uncle Oswald*

彼はただもうじっと立ってはいられなかったのだ。

74

〔例〕 It wasn't that Helga and I were crazy about Nazis. I can't say, on the other hand, that we hated them ... They were people.

Only in retrospect can I think of them as trailing slime behind.

ヘルガやわたしはナチに心酔しているわけではなかった。われわれが彼らを嫌っていたとは言えないだろう。…彼らは人々だった。

回想してみても，彼らのことはなにかの動いたあとに残るネバネバといったものに**しか**思えない。

解説　英文の only は in retrospect を修飾している（回想の中でのみ）のに，訳文では as trailing slime behind を修飾する（どろどろした汚物を残して進んでいくものとしてのみ）ように解されており，そのために，

「当時，現実につき合っていたナチは，憎めなかった。回想の中でしか，彼らをおぞましい存在として考えることはできない」

という原文の文脈とは，全く違った内容を表す日本語になってしまっている。

◎副詞の only はその位置によって修飾関係を区別しなければならない。

(1) **Only** John saw Mary.（メアリーを見たのはジョンだけ）

(2) John **only** saw Mary.（ジョンはメアリーをただ見ただけ）

(3) John saw **only** Mary.（ジョンが見たのはメアリーだけ）

◈**注意**　only は「～だけ」の意を表すが，これは裏を返せば「～しかない」となるので，一種の否定詞であり，否定的に訳をまとめたほうがよい場合も多い。

He was wearing **only** his pyjamas.

(=He was wearing **nothing but** his pyjamas.)

(彼はパジャマだけ着ていた→彼はパジャマしか着ていなかった)

I know her **only** slightly.

(私は彼女をほんの少しだけ知っている→私は彼女をほんの少ししか知らない)

75

〔例〕 When she disembarked from the plane she was feeling no better. She had not arranged for any one to meet her and she took a taxi to her apartment.

In the late afternoon, the telephone rang. ...

She was asleep **five minutes** after she had replaced the receiver.

飛行機をおりたときも気分はすこしもよくなっていなかった。彼女は誰にも出迎えをたのんでいなかったので，タクシーでアパートへ帰った。

夕方ちかくになって電話がかかってきた。…

彼女は電話を切ってから，**5分間**眠った。

解説　時間や距離などを表す名詞が，副詞として用いられることがあるが，次の二通りを区別する。

(a) He waited **five minutes** after he got there.

(b) He arrived **five minutes** after I got there.

(a)「彼はそこに着いたあと**5分間**待った」

(b)「彼は私がそこに着いた**5分**後にやってきた」

(a) では *for* five minutes という前置詞句と同じ副詞句の働きをし，waited という動詞を修飾している。

(b) では five minutes は後にくる *after*-Clause を修飾する副詞句で，この場合は前置詞を補うことはできない。

上の〔例〕の場合は，(b) の場合で，彼女は，まだ彼女にその正体がわかっていない身体の変化のため，きびしいスケジュールの旅の疲れなども手伝って，「電話を切った**5分**後にはもう眠り込んでいた」のである。

注意　〔例〕の文が She **slept** five minutes after ... となっていれば翻訳のように「…のあと5分間眠った」としか解せない。She **went to sleep** five minutes after ..., She **fell asleep** five minutes after ... ならば「…のあ

と5分後に寝入った」の意である。

◈**参考**　after のかわりに before を用いた例を示しておく。

マイケルはマフィアのボス。ジェニファーは女性弁護士。彼女は息子の生命を救ってくれたマイケルに肉体を与え，まともに女性を愛することを知らなかったマイケルが心から愛する唯一の女性になる。やがて組織の内情について当局に密告するものがでたために，幹部も次々と消されるが，最後にジェニファーが身に覚えのない裏切りの疑惑をマイケルから受けることになる。この世界で，裏切りの報いはきまっている。彼が彼女を引き立てて部屋を出ようとするとき，部下がまっ青な顔でとびこんできて，マイケルに急を告げようとする。

Two federal agents came through the door, guns drawn.

"Freeze!"

In that split second, Michael made his decision. He raised the gun and turned at Jennifer. He saw the bullets go into her **a second** before the agents started shooting.

——Sidney Sheldon: *Rage of Angels*

二人の FBI の捜査員が抜き身の拳銃をもって入ってきた。

「動くな！」

その瞬間，マイケルは決断した。拳銃をあげ，振り向いてジェニファーを狙った。彼は，捜査員が撃ち始める**一瞬**前に，弾丸が彼女に命中するのを見た。

8 接　続　詞

76

〔例〕 City life, **as** we know it, is at present unnatural and becomes increasingly so in modern conditions.

周知のとおり，都会生活は現在では不自然であり，現在の状態ではますますそうなっている。

▨解説　上の文が，City life, as you know, is … ならば「ご存知のように」の意で訳文のとおりでよいが，ここは「われわれが知っているような都会生活は」という意味である。

◈注意　as の接続詞用法と関係代名詞用法を区別する。

(a) Industry, **as** *you know*, began in 1765, when …
(b) Industry[,] **as** *we know it*[,] began in 1765, when …

(a) は「ご存知のように，工業は（…した）1765年に始まった」で，as は関係代名詞用法，(b) は「われわれが知っているような工業は（…した）1765年に始まった」で，as は様態を表す接続詞である。

77

〔**例**〕 The girl was silent for a moment. When she spoke, it was as though she knew exactly what he had been thinking of. "Murphy says your wife is a very beautiful woman."

"Was," Craig said. "Is, perhaps. Yes."

"It is a friendly divorce ?"

"**As** divorces **go.**"

"The divorce in my family was silent and polite."

彼女はしばし沈黙していた。次に口をひらいたとき，彼女はまるで彼が考えていたことを残らず知っているみたいだった。「マーフィがあなたの奥さんはとても美人だと言っていたわ」

「昔はね」とクレイグは言った。「いや，今もかな。うん」

「憎み合っての上での離婚ではなかったんでしょう」

「**ごく普通の離婚さ**」

「私の両親の場合は静かで礼儀正しい離婚だったのよ」

▨解説　as ～ go はふつう「世間なみに言えば；ほかの～とくらべれば；～

としては」などと訳される。

He is a good teacher, **as** teachers **go** nowadays.

(今日の先生にしては良い先生だ)

It's cheap, **as** these things **go**.

(一般なみに言えばこれは安い)

〔例〕では，会話表現なので自明の主節部分が省略されているが，補えば次のようになる。

It is a friendly divorce, **as** divorces **go**.

(世間なみに言って，僕たちの離婚は円満な離婚だ)

もちろん訳としては，たとえば

「円満な離婚だったの？」——「世間なみに言えばね」

「けんか別れじゃないんでしょう？」——「まあね」

など訳者の好みに応じていろいろな表現をとってよいわけであるが，内容的には「ごく普通の離婚」ではなく「世間なみに言って円満な離婚」「離婚としてはまあ円満なほう」であるという意味上の区別が正しくなされていなければならない。

◈**参考**　入試にも何度か出されたことのある，この表現の代表的とも言える例を示しておく。

As Europeans **go**, the English are not intellectual. They have a horror of abstract thought, they feel no need for any philosophy or systematic "world-view."

——George Orwell: *England Your England*

ヨーロッパ人にしては，英国人は知的な国民ではない。彼らは抽象的思考を毛嫌いし，哲学ないしは体系的な世界観といったものの必要を感じない。

◈**注意**　As Europeans go の部分は「ほかのヨーロッパ人とくらべて」と訳してももちろんかまわないが，その際には「ほかの」を落とさないようにすること。でなければ，イギリス人はヨーロッパ人から除外されてしまうことになる。

78

〔例〕 Do not allow yourselves to be misled by the common notion that an hypothesis is untrustworthy simply because it is an hypothesis. ...... You may have hypotheses **and** hypotheses.

仮説はそれが仮説であるという理由だけで信用できない，という世間一般の考え方にまどわされてはならない。……仮説の上に更に仮説をたててもよろしい。

解説　ふつう同じ語が and で結ばれると，漸増・反復・継続などの意を表す。

① Things got *worse* **and** *worse*. (事態はますます悪化した)

② He *knocked* **and** *knocked*. (彼は何度もノックした)

③ She walked *on* **and** *on*. (彼女はどんどん歩いた)

上例からもわかるように，英語では結ばれる語の品詞は形容詞・動詞・副詞とさまざまであるが，日本語では，たとえば「彼は走りに走った」といったような場合を除いて同一語を反復して表さず，副詞的に強調することになる。ところで，名詞を並べた場合はどうだろうか。

④ The fighting went on for *hours* **and** *hours*. (戦いは何時間も続いた)

これはやはりふつうの強意で，問題ない。では

⑤ There are *fools* **and** *fools*.

はどうだろう。「世にばか者の数は尽きず」というのは残念ながら正解ではない。正しくは「ばかはたくさんいる → さまざまなばかがいる → ばかといってもピンからキリまである」となる。上の〔例〕の下線部も，「仮説にもいろいろある」ことを述べている。

◆**注意**　同じ筆法で，There are “ands” and “ands”. と言えばやや大げさになるが，and の意味・用法も詳しく分類すればさまざまである，ということ。特に，次のようなものを区別しておかなければならない。

(a) The book was written by a scholar **and** novelist.

(b) You are a teacher, **and** you don't know such a thing.

(c) Try **and** come tonight. / Be sure **and** see him.

(d) This room is nice **and** warm.

(e) You cannot eat your cake **and** have it.

〔誤〕 (a) その本は学者と小説家によって書かれた。

(b) あなたは先生だから，こんなことを知らない。

(c) やってみて今夜来なさい／確かめて彼に会いなさい。

(d) この部屋はすてきでしかも暖かい。

(e) 君のケーキは食べることはできないし持っていることもできない。

〔正〕 (a) その本は学者でかつ小説家でもある人によって書かれた。

(b) あなたは先生なのにこんなこと知らないの。

(c) 何とか今夜来てね／彼に会うの忘れるなよ。

(d) この部屋はほどほどに暖かい。

(e) ケーキは食べればなくなる。(両方いいことはできない)

《注》 (a) a scholar and *a* novelist なら「学者と小説家」の二人。

(b) and=and yet

(c) try and=try to / be sure and=be sure to

(d) nice and=nicely (ちょうどいい程度に)

(e) ケーキを食べておきながら同時に持っていることはできない。

▶前述のように複数名詞を and で二つ結び付けた場合は「多様」を表すが，三つ以上であれば「多数」を強調する：

You can find *doctors* **and** *doctors.*

(医者にもピンからキリまである)

There were *dogs* **and** *dogs* **and** dogs all over the place.

(その辺はいたるところ，やたらに犬が多かった)

79

〔例〕 "I've never come across such a clumsy girl. And **if** you can't take an interest in what I am saying, please try to look as if you do."

「あなたみたいな無器用な子ははじめてだわ。私の言うことにすこしでも関心があるの**なら**，せめてそんな様子でも見せなさいよ」

▒**解説**　教室で，女の先生に，女生徒の一人がお小言を頂戴しているところである。何をやってものろまなこの生徒は，「床にインクをこぼしたのはあなたじゃないの」ときめつけられ，身に覚えのない旨答えたところ，上のようなお小言のおまけがつくのである。

この翻訳文の誤りは，答案でいえば，"ケアレス・ミス"の部類に属する。can't を can と読み違えていなければ，当然，

「私の言うことに関心を持つことができないのなら，せめて関心があるように見せかける努力だけでもしなさいよ」

と正しく訳せているはずである。

◈**注意**　**if** は (a)「もし～ならば」〔条件〕と (b)「もし(たとえ)～としても」〔譲歩〕を表す場合がある。

(a) **If** you are careful, you will not make such a mistake. (注意**すれば**，こんな間違いはしないだろう)

(b) **If** you are careful, you will sometimes make a mistake. (注意**しても**，ときどき間違いを犯すだろう)　〔If＝Even if〕

上の〔例〕の if も「たとえ関心はもてなく**ても**，せめて見かけだけでも関心があるようにしなさい」と，「譲歩」の意味に解することもできる。

◈**参考**　譲歩の意を表す if の例二つ：

(a) **If** the ox heard them it gave no indication of the fact.

——Saki: *The Stalled Ox*

[彼は牛のほうに一，二歩近づいて，手をたたき'シィ'とか'シュー'といった声を出した] 牛はこの声を聞いたにしても，そうした様子は見せなかった。

(b) There wasn't much love in him. **If** there was, he reserved it for Rudolph.

——Irwin Shaw: *Beggarman Thief*

彼にはあまり愛情というものがなかった。あったにしても，彼はそれをルードルフのためにとっておいた。

▶次の文では，if が二つ用いられているが，それぞれ上に説明した二つの意味を区別しなければならない。

You will actually gain time in the long run (1)**if** you will take pains to go over the notes secured in class and at least revise them, (2)**if** you do not rewrite them completely.

((1)もし授業中にとったノートにもう一度目を通し，(2)**たとえ**全部書き直さなく**ても**，部分的にでも書き改める努力を惜しまなかったならば，結局時間的に得をすることになるだろう)

80

〔例〕 I did not relish the thought of all the spare evenings I would be left with if I disposed of them both. It was difficult enough to keep myself from getting depressed **as it was**, without having even more solitary time on my hands.

彼ら二人と別れてしまったのちに一人ぼっちで過ごさなくてはならない晩のことを考えるのも情なかった。これ以上孤独な時間がふえなくてさえ，**今のように**沈んだ気持がからみついてくるのだ。

解説 as it is は文脈によってさまざまな意味関係を表す。主な場合を例示：

① (a) A writer must present life **as it is**.

(作家は人生をあるがままに描かなければならない)

(b) He is not satisfied with life **as it is**.

(彼はあるがままの人生に満足していない)

② Difficult **as it is**, the book is instructive.

(その本は難解だが，ためになる)

③ Written, **as it is**, in plain English, the poem is easily understood.

(平易な英語で書かれているので，その詩は理解しやすい)

④ But for these books, his mind would never have developed **as it is** now.

（これらの書物を読まなければ，彼の精神は決して今のように成長しなかっただろう）

⑤ I'd go with you if I were free, but **as it is**, I can't.

（暇ならいっしょに行くんだが，実は［暇じゃないので］行けないんだ）

⑥ If the scandal were true, it would be fatal to him: even **as it is**, his reputation is on the wane.

（そのスキャンダルが事実なら，彼の命取りになるだろう。今だって彼の評判は落ち目なんだから）

① は両方とも「様態」を表すが，(a) は副詞節として動詞 (present) を修飾し，(b) は形容詞節的に名詞 (life) を修飾している。

② は「譲歩」を表し，*Though* it is difficult と同意。

③ は分詞構文を用いて「理由」を強調する場合。

④ は「様態」を表す点では as の用法は ① に類する。

⑤⑥ はともに「今の状態（では，でも）」を表す。

このうち，①②③④ においては it は文中の特定の先行詞を指しており，先行詞によって it は she にも he にもなる。これに対し ⑤⑥ では it は特定の先行詞を受けず，常に as **it** is (*or* was) の形で用いられる。

ところで〔例〕は ④ の形式として訳されているが，それならば as *it* was ではなく as *I* was でなければならない。しかし実はこれは ⑥ と同形式なのであって，

「今のままで，これ以上孤独な時間がふえなくても，沈んだ気持がからんでくるのだ」

すなわち，「今のように沈んだ気持」ではなく「今のままでも，気が滅入らないようにするのが困難」という修飾関係を区別しなければならない。

◈**参考**　〔例〕と同じ意味関係を表す文を示す。

The market is bad enough **as it is** without a strike to make things worse.

〔誤〕 市況は，事態を悪化させるストライキなしでも，今のように十分悪い。

〔正〕 市況は，ストライキが起きて事態がさらに悪化しなくたって，現状でもかなり不振だ。

81

〔例〕 I would like to restore it and build a spiral staircase and a lofty study room, **only** contrary to what is commonly believed about me I am not rich. My sea-house took most of my savings.

ぜひ塔を修復し，螺旋階段をとりつけ，見晴らしのよい書斎を作って，私を金持でないと思いこんでいる世間の裏をかいてやりたい。海に臨むこの屋敷に貯えの大方をはたいてしまったのだ。

▨解説 "私"は，演劇界を引退し，北国の海辺に居を定め，つれづれにまかせて回想の筆を走らせる。岩の多い海に泳ぎ，岩間の植物を観察し，岩場を探索する。訪れる人もめったにないこの海辺に，私が『塔』(tower) と呼ぶ廃墟があり，私はいわばその主である。(文中の it はこの塔を指している)

◎下線部の only は接続詞の用法で「ただ［しかし］…だ」の意を表す。contrary to what is commonly believed about me は「私について一般に信じられていることとは反対に」の意。I am not rich が文末に置かれていることが誤訳を招いているが，下線部の語順を変えて，

~, **only** (=but) I am not rich, contrary to what is commonly believed about me.

としてみれば，「(私はこの塔を修復して階段や書斎を作りたい，) ただ，世間では私が金持だと思っているが，私には金がない。(貯金も家のほうに大部分使ってしまった)」という内容を誤読することはないだろう。

◈参考 〔例〕の訳文では only が contrary to ~ を修飾する副詞用法に解されているようだが，次に，同じ接続詞用法で，前文と切り離して用いられた例を一つ掲げておく。

"I am a detective. My name is Hercule Poirot. ...... You know the name, perhaps?"

"Why, it does seem kind of familiar. **Only** I always thought it was a woman's dressmaker."

—— Agatha Christie: *Murder on the Orient Express*

「私は探偵です。エルキュール・ポワロと申します。たぶん，ご存知ですね，この名前」

「そういえば，どこかで聞いたことがあるようですな。ただし私はドレス・メーカーの名前かなんかだと思い込んでいましたがね」

▶kind of は sort of と同じく「なんとなく，いくぶん」(=somewhat) の意を表す口語的表現である。

82

〔例〕 But I cannot get out and say, Where do you live, give me your number, ring me, can I ring you? **In case** I am not wanted. **In case** I am tedious.

しかし，わたしは思い切って，どこに住んでらっしゃるの？　電話番号を教えて，電話をかけて，お電話してもいい？　誰も来てくれないときに，わたしが退屈している**ときに**，とは言えないのだ。

解説　in case は大別して二通りの意味がある。

(a)「…の場合には，もし…したら」

(b)「…の場合を考えて，…するといけないので」

(a) I won't go out **in case** it rains.

(雨が降れば出かけない) 〔in case=if〕

(b) Take your umbrella with you **in case** it should rain.

(雨が降るといけないのでかさを持っていきなさい)

〔in case=lest; for fear that〕

上の翻訳では in case は (a) の意味にとり，動詞 ring を修飾する副詞節を導くものとして訳されているが，実は (b) の意味で用いられており，I cannot get out and say のほうを修飾している。この主人公である独身女性は，自分が相手に対していだく好意・愛情から，相手の自分に対する好意・愛情を前提として物をいうような自己本位な人間ではないので，「相手が自分を望んでいないかもしれないし，私に退屈を感じているかもしれないから，住所や電話番号を尋ねたりするなんてことはとてもできない」と考えているのである。

◆**注意** この〔例〕では in case の用法だけでなく，be wanted という表現と，tedious の表す意味を間違えないこと。

●be wanted の典型的な用例は次のようなものである。

It is probably the sense of **being** really needed and **wanted** which gives us the greatest satisfaction and creates the most lasting bond.

（われわれに最も大きな満足を与え最も永続的な絆(きずな)をつくり出すのは，おそらく，自分が本当にひとから必要とされ望まれているという意識であろう）

●I am **tedious.** といえば「私が退屈をしている」のではなく，「私が相手を退屈させている」ことを述べる。同様に a *tedious* man (退屈な人間) というのは「自分が退屈している人間」ではなく「人を退屈させる人間」のことである。

▶in case of ～ と in the case of ～ は「～の場合は」と訳してしまえば区別がつかないが，in case of ～ のほうは「～が起こったときには」の意。

(a) **In case of** fire, walk quietly to the nearest door.

（火事の場合はあわてないで一番近い戸口へ行きなさい）

(b) **In the case of** children, such mistakes may be overlooked.

（子供の場合はこのような過ちは大目に見てもいいだろう）

83

〔例〕 The fact **that** I have written this narrative tells well enough that, unlike Doctor Fischer, I never found the courage necessary to kill myself. ... Courage is sapped by day-to-day mind-dulling routine, and despair deepens so much every day one lives, that death seems in the end to lose its point.

以上述べてきた事実からでもお判りだろうが，わたしはドクター・フィッシャーのような方法で自殺するだけの勇気を欠いていた。…自殺への渇望は徐々に弱まっていき，毎日の生活が絶望感を心の奥に押し込め，死も最後にはその意味を失うようになった。

▨**解説**　初老の“私”の年若い妻は，スキーの妙手であったが，転倒した初心者をよけてカーブを切り，林に突っ込み，純白のセーターを血で染めて，死んだ。愛する妻を失い，“私”は自殺を図る。睡眠剤を入れたウィスキーは目的を果させてくれなかった。（ドクター・フィッシャーは銃弾を自分のからだに打ち込んだ）他の方法で自分の生命を絶つこともできず，結局，彼女との愛の思い出に生きる毎日を過ごし，今この追憶の記を書いている。

◉ところで，that の用法の区別は，入試でも最頻出事項の一つであるが，上の訳文では接続詞と関係代名詞の区別がなされていず，原文とは全く違った内容を表す日本語になっている。つまり原文は，

「私が今この顚(てん)末記を書き終えたという事実は，断わるまでもなく，ドクター・フィッシャーとちがって，私には必要な勇気がなく結局自殺はできなかったことを物語っている」（自殺をしていれば今こんなものを書いていることはできない！）

ということを述べている。

◈**注意**　「以上述べてきた事実」と「以上のことを述べてきたという事実」とは全然意味が異なるということを次のような例により，しっかり確認しておく。

(1) The fact **that** he told me surprised me.
(2) The fact **that** he told me this surprised me.

(1) 彼が私に話した事実は私を驚かせた。
(2) 彼が私にこのことを話したという事実が私を驚かせた。

(1) の that は関係代名詞であり，(2) は fact の内容を述べる同格の名詞節を導く接続詞である。

◈**参考**　次の文には that が五つ並ぶが，それぞれの用法を区別できるだろうか。〔答は「注意」のあと〕

He said ① that ② that ③ that ④ that ⑤ that boy used in the sentence was wrong.

◈**注意**　〔例〕では，下線部に続く部分も，かなり原文を離れた主観的な訳になっているので，忠実な訳文を示しておく。

「勇気は，心を鈍らせる日々の仕事によって弱められていき，絶望は日を重ねるごとにますます深まっていくので，死もついにはその意味を失うように思われる」

〔参考の答〕 ① 接続詞 (said の目的になる名詞節を導く) ② 指示形容詞 ③ 名詞 (that という単語) ④ 関係代名詞 ⑤ 指示形容詞。訳:「彼は，⑤あの少年がその文の中で用いた④ところの②あの③that［という語］は間違っている①と言った」

84

〔例〕 Secretly it was a relief that his son-in-law was to be "on trial" in this way —— (1)**if only** it could have been in a bed other than that one. ...... He had agreed to accept his son-in-law once again into house, (2)**if only** for a while.

内心，気が安まるのは，義理の息子が「験(ため)される身」――この部屋のベッドを使わずに験される(1)**だけであっても**――となることだった。……彼は義理の息子をほんの一時(2)**だけにもせよ**，もう一度わが家に迎え入れることに同意したのだった。

解説 不況のため仕事にあぶれ，以来定職にもつけず，妻とともに身を寄せていた義父の家にもいたたまれなくなり，妻と娘を残して家を出ていた「義理の息子」が，久しぶりにもどってくることになった。改心が本物であるかどうかいささか不安ではあるが，とにかく早速近所の店で「ためしに」働いてみることになっている。その義理の息子が起居することになる部屋は息子の娘――少し前に二人目の子供を胎内に宿したまま雪の中で非業の死をとげてしまった娘――がこの家で最後に寝た部屋である。義父は，義理の息子がこのようにして「ためされる」ことに内心安堵(あんど)を感じるが，「ただあのベッド――あのような死をとげたあの子（義父には孫娘にあたる）が使っていたあのベッド――を使わないでそうすることができ**ればいいのだがなあ**」という思いをいだかないではおれないのである。

注意 上の〔例〕で，(1)(2) の if only がともに「ただ～だけであっても」

という意味に解されており，(2) はそれで正しいが，(1) のほうは「願望」を表していることが上述からわかるだろう。if only の用法は，文脈により次の三つの場合を区別しなければならない。

(1)「～さえすれば」という「条件」の意を表し，「帰結」を表す主節とともに用いる。

If only somebody had told us, we could have warned you.

(だれかが私たちに教えてくれていさえすれば，あなたに用心するように注意できたのですが)

(2)「～でありさえすればなあ」という「願望」を表し，帰結節はなく単独で文の形をとる。

If only she were alive. (=I wish)

(彼女が生きていてくれればなあ)

only が if と離れて文中に置かれることもある。

{ **If only** I could see her. (彼女に会うことさえできればなあ)
{ **If** I could **only** see her.

(3)「ただ～でも」という「譲歩」の意を表し，主として副詞句的表現を伴う。

He wished to live on, **if only** for the sake of his children.

(彼は，ただ子供たちのためだけであれ，生き続けたいと思った)

◆**注意**　この if only に対して only if は「～である場合にのみ」という「条件」を表す。

{ (a) You can have it **if only** you ask for it.
{ (b) You can have it **only if** you ask for it.

(a) 君が求めさえすれば，それを君にあげよう。
(ほしければ求めさえすればよい)

(b) 君が求める場合にかぎって，それを君にあげよう。
(求めなければあげない)

◆**参考**　二つの実例を示しておくので，上の区別が正しくできることを確認しておいていただきたい。

▷I am always amazed when I hear people saying that **if only** the common peoples of the world could meet one another at football or cricket, they would have no inclination to meet on the battlefield.

—— George Orwell: *The Sporting Spirit*

世界の一般国民がフットボールやクリケットで互いに対戦することができ**さえすれば**，戦場で対戦したいというような気持ちはいだかなくなるだろうと人々が言うのを聞くたびに，私はとても驚く。

▷I've a feeling that by deliberately choosing death, she wanted the whole thing to come out, **if only** to be revenged on the man who drove her to desperation.

—— Agatha Christie: *The Murder of Roger Ackroyd*

わざと死を選ぶことによって，彼女は，自分を絶望に追いやった男に**ただ**復しゅうするため**だけであろうと**，事がすべて明るみに出ることを望んでいたのではないかと私には思われる。

85

〔**例**〕 The case for a voluntary **as opposed to** a compulsory count is hardly a fresh one.

強制的集計（即ち登録）に反対して自発的登録を弁護する主張は殆んど新しいものとは言えない。

解説 opposed to ～ だけであれば「～に反対している」の意であるが，*as* opposed to ～ は「対照物」を示すだけで「反対」している立場を述べるのではない。たとえば

(a) the students **opposed to** the teachers
(b) students **as opposed to** teachers (and parents)

(a) は「先生に反対している学生」であるが，(b) では「先生（と父母）に対して学生」，すなわち，「学生」という語を用いたが，ここでは「先生(や父母)に対するものとして「学生」といったのだ，という意味を表しているのであって，学生が先生（や父母）に「反対」しているという関係を示してはいない。したがって，訳は「～に対して；～に対するものとしての」などでまとめておけばよい。

注意 頻出表現であるにもかかわらず，十分に説明されていない表現なの

で，as opposed to ～ の用法を示す文を二つ掲げておく。(1) のほうは入試問題より，(2) は最近の *Newsweek* 誌からのもので，(2) は〔例〕と同じように一つの名詞を二つの形容詞が共通に修飾する形式（共通構文）の例である。

(1) Education **as opposed to** child training implies the more formal efforts of adults to mold the personalities of the young.

（'子供のしつけ' に対して '教育' という言葉は，子供たちの個性を型にはめこもうとする，大人による［学校などにおける］より形式的な努力を含意する）

(2) "Interdependence" is now a fact, not an abstraction. This makes essential a global, **as opposed to** regional, approach to food, energy, capital and development.

（'相互依存' は今や抽象概念ではなくて事実になっている。このことは，食物・エネルギー・資本・開発などに対して，各地域的にではなく全地球的に対応することを必須ならしめている）〔第二文では，This (S) makes (V) approach (O) essential (OC) の文型であるが，O が，修飾語がついて長いために，OC の後に置かれていることに注意する〕

(2) の as opposed to ～ は訳文に表しにくいが，説明的には「'全地球的な' 取組み――これは '地域的な' 取組みという言葉<u>に対して</u>こう言っているのだが――が必要になる」という意味で用いられている。

▶ 「as＋過去分詞」の形で「対照・対比」を表す表現には **as contrasted with / as distinguished from / as compared with** などがあり，形容詞を用いた **as distinct from** も同じである。それぞれ「～と対比[されるものと] して [の]；～と区別[されるものと]して[の]」などの意味を表すが，おおまかに「～に対して」と訳してしまっても差支えない場合が多い。

The radio set, **as contrasted with** the television set, is a stern companion, which isolates the listener.

（テレビ<u>に比して</u>，ラジオはきびしい伴侶であり，聴き手を隔離してしまう）

What is stressed here is liberal, **as distinct from** technical, education.

（ここで強調されているのは専門教育<u>に対する</u>教養教育である）［～と区別されるものとしての］

9 分　　詞

86

〔例〕 "What did you make of her?"
"Not much. I found her a bit **intimidating**. Rather solemn."

「彼女をどう思いました？」
「そうだな，何だか**おどおどしている**感じだね。それに少しかたくるしいね」

解説 intimidate は相手を「こわがらせる，おじけづかせる」の意を表す他動詞で，意味上 frighten, terrify, scare などの系列に属する。

(a) I found her **frightened** (**scared**).

(b) I found her **frightening** (**scaring**).

(a) の過去分詞を用いた場合は「彼女がおびえていた」のであるが，(b) の現在分詞では彼女が「相手をこわがらせるような，すなわち，こちらがおびえてしまうような」女であったことを示す。例文の意味関係も同様で，「彼女がおどおどしている」のではなく，「こちらがいささかおじけづいてしまう」のであって，「彼女はちょっといかめしい感じだった」ことを述べている。

注意 入試問題からの例を掲げる。最初の文に最も近い意味を表すものは (a)～(d) のどれであろうか。

He may prove irritating.

(a) He may show you that he is angry.

(b) He may give you the proof of your displeasure.

(c) He may make you feel irritated.

(d) He may find himself annoyed.

《注》 文意は「彼はあなたをいらだたせるかもしれない」で，もし irritated ならば「彼はいらいらするかもしれない」の意になる。正解は (c) である。

87

〔例〕 Vaguely **pissed**, I drift away into my study and sit down to look at the galleys.

ぼんやりと**おしっこをして**，わたしは書斎に引きこもると机に向かってゲラ刷を見つめる。

▒解説 この例で大切なことは，この pissed は過去分詞を用いた分詞構文であり，節の形式に言い換えれば，

As I *am* vaguely ***pissed***, I drift away...

I *am* vaguely ***pissed***, *and* drift away...

という受動態になるということである。ということは，piss は自動詞では「小便をする」であるが，他動詞では「小便をかける」であり，下線部はかりに「小便をかけられて」という意味関係を表すことはありえても，「小便をして」という能動の意味を表すことは絶対にない，ということがわからなければならないということである。

●過去分詞構文は受動の意味を表すことがわかったが，それにしても「ぼんやりとおしっこをかけられて」ではおかしい。be pissed には俗語で「怒る；いらいらする」などの意があるので，〔例〕の下線部は「なんとなくくさくさして」ぐらいが正解ということになる。

◈参考 類例を一つ：

Although my confidence is shatterproof, I nonetheless was **pissed**.

—— Erich Segal: *Oliver's Story*

僕の自信はちょっとやそっとではゆるがないが，やはりむかっ腹が立った。

●pissed はまた drunk の意でよく用いられる。

Tonight, if I'm a little **pissed**, it was the fault of the glasses.

—— Graham Greene: *The Honorary Consul*

今夜，少し酔ってるにしても，それはグラスのせいだ。

88

〔例〕 Fanny, wearing her blue shades, had noticed nothing and chattered amiably. The porter pushed with the bags. He was still **shaken** though he had for the most part recovered his calm when they entered the courtyard of the Hotel Contessa.

青いサングラスを掛けているファニーは何も気がつかず，かわいい声でぺちゃくちゃしゃべっていた。ポーターは先に立って，積み重ねたバッグを押して行く。ホテル・コンテッサの中庭まで来たときには彼もほぼ落着きを取りもどしていたが，震えはまだとまらなかった。

▩解説 “彼”は，25年前に三十路を過ぎて結婚したアメリカの伝記作家。今，妻に適当な口実を設けて，ぴちぴちした若さ溢れる女性ファニーと旅に出，ベニスに着いたところである。連絡船を降りたところですれちがった人の群れのなかに，ある一人の女性の姿を認めてぎょっとする。白髪の男性の腕にすがる赤毛の若い女性——どう見ても，大学にいるはずの自分の娘なのだ。ありうべからざることであるが。脚が震える。娘の名前を呼びそうになる。が，こちらも二人連れの姿を見られては一大事だ。帽子で顔をかくし，背を向けてやりすごす。

◉このような文脈から，下線部の訳は自然のようであるが，英文は別のことを述べている。次を比較:

(a) He *was* **shaking** with cold.

(b) He *was* much **shaken** by the news.

(a) 彼は寒さでがたがた震えていた。

(b) 彼はそのニュースを聞いてろうばいした。

(気が転倒した，どぎまぎした，動揺した)

すなわち，自動詞の shake は「震える」の意味を表しても，他動詞（ゆする）の受動態 be shaken には「震える」の意味はなく，「ゆすられる，ぐら

つく，動揺する」などの意を表す。したがって〔例〕の下線部以下も，

「彼の動転した気持はまだおさまらなかったが，ホテルの中庭に入ったときには，ほぼ落着きを取りもどしていた」

といったことを述べているのであって，震えていたのではない。

89

〔例〕 I was only sixteen at the time and I was terribly **thrilled.**

その頃，わたしはまだ16だったけど，ほんとうに**こわく**てね。

解説　日本語では，「スリルとサスペンス」といった表現にもみられるように，「スリル」といえば「ぞっとするような恐怖感」をもっぱら表すので，これに引かれて「こわい」という訳になったのかもしれない。

しかし英語の thrill は「わくわく(ぞくぞく)するような興奮(を与える)」ということであり，それは恐怖感であることももちろんあるが，単に I was thrilled. といえば，たいていは「わくわくした／胸をときめかせた／(うれしくて)ぞくぞくした」の意を表し，おおまかに言って I was *excited.* に近い意味を表すと考えてよい。

● 「こわかった」は一般に I was *afraid.* / I was *scared.* / I was *frightened.* などが対応する表現である。

90

〔例〕 I met a rather **maddening** woman called Mrs Barlow at the Oxfam office and she told me about it. I suspect she fancies herself as the power behind that particular throne. She seemed quite possessive about the place.

オックスファムの事務所で，バーロウ夫人とかいう，ちょっと**偏執**

的なところのある婦人に会ったら，わたしにむかってそんなこと言ってたわ。彼女はどうやら自分で，あの玉座の影の支配者を自負しているみたい。あそこを自分の持ち物ぐらいに思ってるらしいの。

▩解説　「偏執的な」という形容詞は，ある物事に異常にとらわれる「偏執狂」(＝monomania) か，被害妄想や誇大妄想にとりつかれた「偏執病」(＝paranoia) のいずれかを指すと考えられるが，いずれにせよ，翻訳文は，このバーロウ夫人がある種の 'mad' なところのある女性であることを述べていると考えられる。しかし，maddening は他動詞 madden (発狂させる) の現在分詞であるから，本人が「狂っている」のではなく，「人を狂わせるような，まったく腹立たしい，いらだたしい，うるさい (annoying)」などの意を表す。過去分詞と比較すれば:

① a **maddened** man「(腹立たしさなどで) 頭にきた人」
　cf. a **mad** man「狂人」
② a **maddening** man「頭にくるような人」

①＝a man who is maddened
②＝a man who maddens other people

したがって a rather maddening woman は「いささか頭にくる女」なのである。

◈注意　自動詞の現在分詞は「〜している」の意:

a **sleeping** baby (眠っている赤ん坊)

これに対して，他動詞の現在分詞は「人を〜させる」の意を表すので，過去分詞の表す意味関係と，はっきり区別しておかなければならない。

① a **pleased** girl
② a **pleasing** girl

① 「[喜ばされた→] 喜んでいる少女」
② 「[人を喜ばせる→] 感じのいい少女」

① a **terrified** look
② a **terrifying** look

① 「[恐怖をいだかせられた→] おびえた顔つき」
② 「[恐怖をいだかせる→] おそろしい顔つき」

{ ① an **annoyed** woman
{ ② an **annoying** woman

① 「うるさがっている女性」

② 「[人をうるさがらせる→] うるさい女」

◈**参考**　maddening を用いた例を示しておく。

"Why? But it's **maddening**! Irritating to the last degree! I've told you why!"

—— Agatha Christie: *Death on the Nile*

なぜですって？　まったく頭にきちゃうわ。腹立たしいったらありゃしない。わけなんて，お話ししたじゃありませんか。

91

〔**例**〕"How come you're late? More memorable orations from the Colleague?"

"Yeah. He was in rare **stupefying** form."

「どうして遅かったの？　例の〈同僚〉の名演説のせい？」

「そうなんだ。奴(やっこ)さん，**呆然**(ぼうぜん)**自失**の態だったがね」

▩**解説**　stupefy は「ぼうっとさせる(＝daze, stun)，唖然とさせる(＝surprise, astound)」などの意味を表す。したがって，

He was **stupefied.**

という過去分詞なら，まさに「彼は呆然自失の態だった」ことになるが，stupefying という現在分詞は「人を呆然とさせる（ひどく驚かせる)」の意を表す。

●下線部の rare は「まれな；すばらしい」，form は「調子，コンディション」の意を表す場合であり，たとえば：

He is in good [rare] form.（彼は好調 [快調] だ）

したがって下線部の英文は，大学の学部会で長口舌をふるう同僚氏の「調子は上々」であったことを，皮肉って，大げさに述べたもので，「あきれかえるほどの名調子だったよ」ぐらいを訳例の一つに考えておいてよい。

92

〔例〕 And do you know why my brother wouldn't shake his hand? Because he thought the man was a coward. He saw him tackle high when a low tackle would have been **punishing.**

そして，兄貴がどうして前年度のキャプテンと握手しなかったか言おうか？ そいつが卑劣漢だと思ったからなんだ。低すぎるタックルをすると**反則になる**というとき，そいつは決して低いタックルをせずに安全な高いタックルしかしなかった。それを兄貴は見たからだ。

解説 punish は「罰する」であるから punishing はなんとなく「罰を受けるような→反則の」といった意味につながるようにも思われる。しかし，現在分詞の表す意味関係は，そのような意味の派生を許さない。現在分詞は，前述のように

① 自動詞ならば「〜している」の意を表す：
a **barking** dog（ほえている犬）

② 他動詞ならば「〜させる」の意を表す：
an **irritating** noise（いらいらさせる音）

そして ② の場合には，現在分詞が叙述的に（＝補語として）も用いられる：

The noise is **irritating.**
（その音は [人をいらいらさせる→] うるさい）

また，この例のように，「〜させる」という直訳をしないで，ふつうの形容詞のように訳すことが多く，なかにはすでに形容詞化しているものもある。

a **boring** book（退屈な本）〔＜退屈させる〕
a **promising** youth（前途有望な若者）〔＜約束する，期待させる〕
a **telling** blow（有効な一撃）〔＜効果がある，こたえる（tell on 〜)〕

こう考えてくれば a **punishing** tackle というような場合の punishing は

「人を罰する→相手をこらしめる；ひどい目にあわせる；こっぴどくやっつける；強烈な」などの意味を表すことがわかる。したがって，下線部の内容は，

「兄貴は，キャプテンが，低くタックルすればバッチリきまっただろうに，高いタックルしかしないのを見た」

といったものである。

◈**参考**　類例を二つ：

① Tell a girl ... that she is ... more beautiful than Venus, more **enchanting** than Parthenopë, ... and you will make a very favourable impression upon her **trusting** little heart.

—— Jerome K. Jerome: *On Vanity and Vanities*

少女に，あなたは…ヴィーナスよりも美しくて，パーセナピよりも**魅惑的**ですよ，と言ってごらん，そうすれば君は**信じる**そのかわいい心に，非常な好印象を与えるだろう。

◉trusting に対応する部分「君は信じるそのかわいい心」という日本語は，

① 「君がその心を信じる」

② 「その心が人を信じる」

のいずれであるかあいまいである。これは ② が正しく，「人を信用する，信じて疑わない（＝trustful）」の意なので，たとえば「君は，彼女の疑うことを知らぬ純真な心」のように，意味関係がはっきりわかる訳に改めたほうがよい。

② "... you offer us a straight diet of jolly military metaphors."

"I'm **disgusting**."

"Oh, no, no, I didn't mean quite that."

—— Angus Wilson: *No Laughing Matter*

「…あなたは…すてきな軍隊風の比喩を，それこそ混ぜものなしでわたしたちに味わわせてくれるのね」

「**嫌らしい**男だろ」

「まあ，とんでもない。わたしそんなつもりで言ったんじゃないのよ」

◉disgust（強い嫌悪感をいだかせる）は，現在分詞と過去分詞の意味を正しく区別すること。

He **disgusts** me.（彼は私をむかむかさせる／あいつにはへどがでる）

という文の内容は，分詞を用いれば：

He is **disgusting.**
I am **disgusted** at him.

93

〔例 1〕 'That's the kind of rubbish errand boys read, **always assuming** they can read. Board-school boys. Not a lad at Blackfriars Grammar.'

「そんな本は，**いつだって**自分は字が読めるん**だってふりをする**つまらん使い走りの小僧たちが読むものさ。寄宿学校の生徒たちや，ブラックフライアーズ・グラマー・スクールの生徒が読むもんじゃない」

〔例 2〕 The more original that discovery is, the more credit we shall give the artist, **always assuming** that he has technical skill sufficient to make his communication clear and effective.

画家の構想の展開が独創的であればあるほど，われわれはその画家に信頼を寄せるものなのだ。それは，その画家が伝えようとすることをはっきりと効果的にするだけの技術的熟練をその画家が持っている，とわれわれが**常に思う**からである。

解説　たしかに，辞典で assume の項を見れば「考える；ふりをする」などの訳語が与えられているが，正確な意味がわからないまま適当に訳語をあてはめて処理されがちな単語の一つである。assume は基本的には「前提的に(頭っから)…だと考える；当然…だと思う；…だと仮定する；…を前提とする」などの意味を表し，assuming は慣用的な独立分詞構文として「…と仮定して；…であるとして」(=providing) という「(前提) 条件」を表すことがあり，上の二例はともにこの用法である。

●〔例 1〕は，息子の生活の万般にわたり徹底した‘しつけ’を施す父親が，息子が読んでいる本の一節を音読させて，その本が適当な読み物であるかどうか品定めをするところである。「そんな本は使い走りの小僧たちが読むガラクタさ，もちろん小僧たちが本を読めるとしての話だがね」といささかきびしい御託宣を下したわけである。

●〔例 2〕 芸術家は単に対象を描写するのではなく，独自の発見をわれわれに伝えようとする，という趣旨の文に続く文である。「その発見が独創的であればあるほど，われわれは芸術家が優れていると考える……もちろん芸術家が明確に効果的に伝達することができるだけの技術を持っていることを前提としてのことであるが」 いくら発見が独創的であっても，それを伝える技術を持っていなければ論外ということになる。

◈**注意** 〔例 1〕において，下線部以下は「そんな本はボード・スクールの生徒たちの読むものだ。(お前のように) グラマー・スクールの生徒が読むものではない」ということを述べている。なお，**boarding** school ならば上の訳のように「全寮制［寄宿］学校」であるが，**board** school は地区の「学務委員会」(school board) が運営する公立学校のこと。これに対して grammar school は高い進学率を誇るエリート校。かつては古い伝統をもつ私立校で，現在では公立校も増えているが，因みに言えば，1900 年には 70 人に 1 人，この物語の 1930 年代には十数人に 1 人の割合でしか入ることができなかった。この父親の言葉にも，当時の一般公立校と名門私立校に対する社会的評価の格差がはっきりとうかがえる。

10　動　名　詞

94

〔例〕 My career has always been marked by a strange mixture of confidence and cowardice: almost, one might say, made by it. Take, for instance, the first time I **tried spending** a night with a man in a hotel.

わたしのこれまでの人生をみると，いつでも，へんに自信と臆病心が裏表になっていたことがわかる。それだけがわたしの人生だったとさえ言えるのだ。たとえば，はじめて男とホテルに泊**ってみようとした**ときがそうだ。

▨解説 try は目的語が不定詞であるか動名詞であるかによって意味が異なる。すなわち，

(a) try to [do] は「～しようと［努力］する」

(b) try ～ing は「ためしに～してみる」

である。(a) では努力の結果その行為が実際に実現するとは限らないが，(b) ではその行為は試験的に必ず行われるのである。

(a) She **tried to eat** less.（彼女は減食**しようとした**）
(b) She **tried eating** less.（彼女は減食**してみた**）

(a) では実際に減食が実行できたかどうかはわからない。

(a) He **tried to stand** on his head but couldn't.
(b) He **tried standing** on his head but it only gave him a headache.

(a) 彼は逆立ち**しようとした**が，できなかった。
(b) 彼は逆立ち**してみた**が，頭が痛くなっただけだった。

上の〔例〕でも，「泊ってみようとした」という訳では，「しかし臆病心がわいて実行はしなかった」という成行きもありうるわけであるから，やはり「泊ってみた」として，そのことが実際に経験されたことをはっきり示さなければならない。

◈注意 動詞によって (1) 不定詞だけを目的語とする，(2) 動名詞だけを目的語とする，(3) 不定詞・動名詞の両方を目的語とするものがあるが，(3) では A) 不定詞でも動名詞でも意味は同じであるものと，B) 不定詞と動名詞で意味が異なるものがある。

(1) の例：agree, decide, expect, promise, *etc.*

(2) の例：enjoy, avoid, deny, finish, dislike, *etc.*

(3) の例：A) begin, start, like, cease, continue, *etc.*
B) remember, forget, try, regret, *etc.*

●この (3) の A) に属する like, love, hate などは，a) ある特定の場合の

行為については不定詞を，b) 一般的に述べる場合には動名詞を用いるのがふつうである。

a) I **hate to say** it, but I don't like your plan.

(言いたくないけど，君の計画はいただけない)

b) I **hate saying** good-bye.

(別れを告げるのはいやなことです)

▶(3) の B) に属するもので混同されやすいのは **go on to** [**do**] と **go on ~ing** である。

a) He **went on to point** out their mistakes.

b) He **went on pointing** out their mistakes.

a) 彼はさらに今度は彼らの間違いを指摘し始めた。

b) 彼は彼らの間違いを指摘し続けた。

a) は「(その時まで別のことをしていて) それからさらに~する (=proceed to [do])」の意を表し，b) は「(その時までしていたことをそのまま) ~し続ける (=keep [on] ~ing)」の意である。

▶**stop ~ing** (~するのを止める) と **stop to** [**do**] (~するために立ち止まる) は基本的な区別であるが，stop to [do] が文字通りに「立ち止まる」のではない場合には「[立ち止まって→] 十分時間をかけて；よく；わざわざ；いちいち」などから文脈に適した訳を選べばよい。

We rarely **stop to consider** it.

(私たちはわざわざ [いちいち，あらためて] このことを考えてみることをめったにしない)

95

〔例〕 "I've not been happy. What is happiness? Moments! Just moments! All I've really liked about my own life has been **going** to sleep in the sun, afternoons in the summer."

「ぼくは幸福ではなかった。いったい幸福とは何かね。瞬間のことだ。ほんの瞬間のことだ。ぼくが自分の人生についてほんとうに夢に描いていたことは，夏の昼下がり，陽向(ひなた)で眠りこけてしまったんだ」

▒解説　もし英文の動詞部分が has gone to sleep であったならば，少なくとも「眠りこけてしまった」という部分は原文と対応するだろう。going はもちろん現在分詞ではなく，動名詞で「自分の人生でほんとうに楽しかったのは日なたで眠ることだけ」であったことを述べている。

◈参考　次も同様の誤訳例である。

〔A〕 In the main civilization is material, while culture would be a step above and largely spiritual; it is putting the finishing touches on civilization — polishing it.

大体において文明は物質的であり，一方文化は文明を一歩上回るもので主として精神的である。それは文明に仕上げの筆を加えているのであり，文明を磨いている。

◉この文も，歴史を通観して一般的な事実を述べているのであるから，「現在～している」という進行形の現在分詞ではなく「文化は文明に仕上げの筆を加えること，それに磨きをかけること」と，動名詞に解するのが適当である。

〔B〕 He maintained that the chief element of success was exciting confidence; but what he saw in me which convinced him that I should create confidence I know not.

彼は成功の主な要素はすばらしい自信だと言った。しかし，私が人に信頼感を抱かせるだろうと彼に信じこませるような何を彼が私の中に見たのか（彼が，私のどんな点を見て，私が人に信頼されるような人間だと思い込んだのか）私にはわからなかった。

◉exciting は現在分詞ではなく動名詞であり，exciting confidence は「人に信頼感を起こさせること」という意味である。後半の文は，動詞 know の目的語 (what ... confidence) が前に出た倒置形式をとっていることに注意する。

11 不　定　詞

96

〔例〕 There is always something **to be said for** remaining ignorant of the worst. I have never told a cancer patient yet that there is no hope any longer.

最悪の事態を知らないままでいる**にはつねになにか別のことをしゃべっていなければならない**。おれも癌患者にもう希望はないと言ったことはなかった。

解説　この形の文における不定詞は something を修飾する形容詞用法で，前置詞 for は『賛成・支持・弁護』などの意味を表す。something は much, little などになることも多い。
たとえば，

There is a lot *to be said* **for** his plan.
（彼の計画のために述べられるべきことがたくさんある → 彼の計画には賛成すべき点が多々ある）

●したがって上の下線部は次のような意味を表す。
「最悪の事態を知らないままでいるということに賛成して述べられるべきことが常にいくらかある → 最悪の事態を知らないでいるということは常に望ましい（常によい）ことなのだ」

◆**参考**　for のかわりに in favor of ～ を用いた例を示しておく。

There was something *to be said* ***in favor of*** either decision.
—— Agatha Christie: *Nemesis*

グループ・ツアーの途中で，参加者の一人が丘の上からころげ落ちてきた大きな石にあたって死ぬという事故が起こって足止めをくったために，旅行を切りあげて引き返そうというものと，旅程を一部変更して旅行を続けようというものと，二通りに希望が分かれてしまったが，「どちらの決定にもそれぞれ利点（もっともな理由）があった」ということを述べている。

97

〔例〕 A woman who has had the good fortune or the misfortune **to live** with a true artist cannot —— forgive me the expression —— go to bed with a simple man. Once an artist possesses a woman, she remains his captive forever.

真の芸術家と一緒に**暮して**幸福や不幸を味わい尽くした女は，露骨な言い方だけど，普通の男とはベッドに入れないわ。芸術家の手にかかった女は，永遠にその囚人になるのよ。

▨解説 上の英文はもちろん次の表現と同種のものである。

① He **had the kindness to** show me the way.
（彼は親切にも私に道を教えてくれた）

② He **had the impudence to** answer back.
（彼は生意気にも口答えした）

したがって上の下線部は，「幸運にもまたは不幸なことに（→幸か不幸か）真の芸術家と生活をともにしてきた女は…」と訳すのが正しい。

◈注意 名詞 fortune の打消しの接頭辞は **mis**fortune であるが，その形容詞 fortunate のほうは **un**fortunate である。書換えの場合も間違えないように。

{ She had the **misfortune** to marry an artist.
{ She was so **unfortunate** as to marry an artist.

（彼女は不幸にして芸術家と結婚した）

この種の文は副詞を用いて表すこともできる。

Unfortunately she married an artist.

98

〔例〕 Pearson was sixty-six now; at best he had another five or six years of active work ahead of him. Some people reconciled themselves to change like that, to younger men moving into prominence and taking over leadership. Pearson had not, though, and he made his resentment plain ... And yet Joe Pearson, for all his disagreeable ways, had **a lot to commend him**.

ピアスンは今66歳だった。この仕事を続けられるのはせいぜいあと5, 6年だろう。ある人々はそういった変化を受け入れて，後進に道を譲り渡していた。しかしピアスンはそれを拒み，恨みつらみを隠そうとしない。…しかしジョー・ピアスンには，人を人とも思わぬその態度にもかかわらず，**大勢の支持者**がいた。

▒解説　a lot はそれだけで a lot *of people* (大勢の人々) を表すことはない。commend は「ほめる，推薦する」などの意で，ふつう「支持する」という意味は表さない。とすると，この文を直訳すれば，

「彼は彼を推薦する多くのものを持っていた」

ということになり，これは，

「彼には取り柄となるもの（長所）がたくさんあった」

といった内容を述べる言い方なのである。

◆注意　ふつうは commend のかわりに，同じく「推薦する」という意味を表す一般語 recommend を用いることが多い。実例を示しておく。

At the outset, at least, all three groups had something else **to recommend them**, as well.

——Tom Wolfe: *Radical Chic*

少なくとも最初のうちは，三つのグループはみな，そのほかに何か取り柄となるようなものも持っていたのである。

◆参考　次は入試からの例である。

Their (=Children's) attention is engaged by everything, because everything has, in that stage of life, the charm of novelty **to recommend it.**

《問題集の訳例》 彼らの注意はあらゆるものにひかれる。なぜなら，あらゆるものには一生のその段階では，それをすすめる新奇なものへの魅力があるからである。

◉答案では，この訳例のように，英和の対応がよくわかる直訳を原則としてよいが，内容本位に訳せば第二文は「あらゆるものが，このような若い時代には，子供たちにとって魅力となるような新しい要素を備えているからである」ぐらいになる。ただし，the charm of novelty の部分の直訳は「新しさの魅力，新奇という魅力」であって，「新奇なものへの魅力」ではないので念のため。「すべてのものは，それの取り柄となる新しさという魅力をもっている」ぐらいが一般的な直訳。

99

〔例〕 That she had deeply hurt her husband she tried not to remember. Memory was something for which she had little use. But she was **too** conventional a person **not to** feel painfully guilty and embarrassed at her situation. She struggled to recapture her gaiety.

自分が夫をひどく傷つけたということは，思い出さないようにしている。彼女にとって，記憶というのは，役に立たないものなのだ。それに彼女は**すこぶる**ありふれた女なので，こういう立場に置かれても，痛切に罪悪感を感じたり，当惑したりする**ことはなかった**。彼女は昔の陽気さを取り戻そうとした。

▒解説 too ～ to ... の表す意味関係はまず間違いようがないが，too ～ *not* to ... や *not* too ～ to ... と否定詞を伴う場合は誤りやすい。まず簡単な例:

▶(a) He is *too* wise *not to* understand this.

「彼はこれが理解できないにはあまりにも賢い→彼は賢いのでこれが理解できる」

これは次のように書き換えられる。

(a)′ He is wise enough to understand this.

(a)″ He is so wise that he can understand this.

したがって，〔例〕の訳は，当然「しかし彼女は…こういう立場に置かれて…当惑しないではおれなかった」のように改めなければ，彼女の人間像は原文とは一致しない。夫と別居し，他の男と暮している彼女も，やはり，従来の道徳や因習にこだわる古い (conventional) 女なのだ。

▶(b) He is *not too* young *to* see it.

(若過ぎてそれがわからないということはない／それがわからぬほど若くはない)

▶(c) *No* one is *too* old *to* learn.

(年をとりすぎて学べないという人はいない)

これは次のような形式をとることもある。

(c)′ *No* one is so old *but* he may learn.

◈**参考**　入試より類題を示す。

①　三つの文が似た意味を表すように，空所を埋めよ。

{ She is too wise not to understand it.
 She is so wise that she cannot (　　　) understand it.
 She is not so (　　　) that she doesn't understand it.

②　次の英文の訳として下の日本語は正しいか。

I am not too old to be shocked at the news.

「そのしらせに平気でいられるほどの年でもない」

③　下線部を訳せ。

He asked her to give him a lift back to town. She was too scared not to invite him, and he took her readiness for kindliness.

《答》 ① but〔cannot but ～=cannot help ～ing「～しないわけにはいかない」〕; foolish　② 正しい〔「年をとりすぎていて驚かないということはない」→「驚かないほど年はとっていない」〕　③ 彼は彼女に町まで車に乗せてほしいと頼んだ。彼女は怖かったので「どうぞ」と言わないわけにはいかなかった。すると男のほうでは彼女がすぐに乗せてくれたのを，自分に対する好意と受け取った。

100

〔例〕 You are living in an age when ugliness seems to be steadily increasing, when people seem to be more and more content to have ugly things all around them. This makes it all the more necessary that you should aim at knowing and loving beauty wherever it **is** yet **to** be found.

今は，醜悪なものが着々と増えていっているように思われ，人が自分の周囲に醜悪なものを集めてますます満足しているように思われる時代である。このために，美がまだ発見されていないところではどこでも，美を知りこれを愛することを目指すことが，いっそう必要になるのである。

▩解説 **be to** は一般に次のような意味を表す:

① We **are to** dine with her tonight.　〔予定〕
(彼女と今夜食事することになっている)

② Advice **is to** be taken thankfully.　〔義務〕
(忠告は感謝してきくべきだ)　(=should)

③ Nothing **was to** be seen in the dark.　〔可能〕
(暗がりで何も見えなかった)　(=can)

④ If you **are to** succeed, you must work hard.　〔条件・意図〕
(合格するためには勉強に励まねばならぬ)

⑤ He **was** never **to** see his mother again.　〔運命〕
(彼は再び母に会えない運命にあった)

〔例〕の訳では「これから発見されることになっている→まだ発見されていない」という『予定』の意にとられているが，ここは「醜なるものが増え，醜を醜と感じなくなりつつある傾向のなかで，せめてまだ残っている美は，これを認め愛するようにせねばならない」という文意から考えて「美がまだ見いだされるところでは」の意。すなわち『可能』を表すものと解さなければならない。

◆**注意**　be yet to は，ふつうは，「まだ～されていない」という意味を表すことが多い。

The solution *is yet to* be found.　(解決法はまだ発見されていない)
=The solution is *not* found yet.
=We *have yet to* find the solution.

◎なお，〔例〕中，have ugly things all around them は積極的に「集める」わけではないから，「醜いものに取り囲まれて暮す (ことにますます満足している)」ぐらいに解しておくこと。

101

〔**例**〕 "I wouldn't listen to stuff like that."
"You think I do? I'd **have to** be crazy too. How could anybody? Could you?"

「ぼくだったら，そんな話，おとなしく聞いてはいないぞ」
「ぼくだってそうだ。聞いているだけで，頭が狂いそうになった。誰だってそうだろう。きみだって例外ではないはずだ」

▩**解説**　have to はよく後に目的を表す不定詞を伴う：

You **have to** study hard **to pass** the examination.
(合格するためには一生懸命勉強しなければならない[→勉強しなければ合格できない])

You'd **have to** be very patient **to put** up with this.
(これに我慢するためには非常に忍耐強くなければならないだろう[→よほどの忍耐力がなければとても耐えられないだろう])

〔例〕の下線部も，実は後に続くべき不定詞が省略されているが，この構文なのである。すなわち，補えば

I'd **have to** be crazy too **to listen** to stuff like that.
(そんな話に耳を傾けるためには僕も頭がおかしくなければならないだろう [→僕だって気でも狂っていないかぎりそんな話を信じたりはし

ないさ])

ということになる。否定の **don't** have to ～ to do も同様に考えればよい。

You **don't have to** be very clever **to understand** this.

(これを理解するためにはそんなに頭がよくなくてもいい[→それほど頭がよくなくてもこれは理解できる])

◈**注意** これと関連のある頻出表現は have only to ... **to** ～ である。

You **have only to** have a look at her **to see** how happy she is.

(彼女がどんなに幸せであるかを知るためには彼女を一目見るだけでよい→彼女を一目見ただけで彼女がどんなに幸せであるかがわかる)

◉次の形式の書換えもよくおこなわれる:

{ You **have only to** ask your teacher.
=**All you have to do is** [**to**] ask your teacher.

(君のなすべきすべてのことは先生に尋ねることだ→君はただ先生に尋ねさえすればよい)

◉次の二組の意味関係の違いを正しく区別する。

{ (a) You **must** work hard **to succeed.**
(b) You **have to** work hard **to succeed.**

(a)=(b) 成功するために[は]努力**しなければならない**。

{ (a) You **must** be a fool **to believe** such a thing.
(b) You **have to** be a fool **to believe** such a thing.

(a) そんなことを信じる**なんて**君はばかに**ちがいない**。

(b) そんなことを信じる**ためには**ばかで**なければならない**。[→ばかでなけりゃそんなことは信じない]

◈**参考** 他の文学作品よりの例文とその翻訳文を示しておく。

You **had to** be a crank **to insist** on being right.

—— Saul Bellow: *Mr. Sammler's Planet*

あくまで適切な行動をとろうとなどすれば，偏屈人間になるしかない。

"You ought to keep trying to put weight on."

"I am. I will. You **don't have to** be heavy **to swim**, Dad."

—— Judith Guest: *Ordinary People*

「もっと体重を増やすようにしなきゃいかんな」

「ああ，そうする。でも<u>水泳と体重は関係ないんだよ</u>(重くなくったって泳げるんだよ)，パパ」

102

〔例〕 "Do you ever play in a band?"

"My dear Peter, can you imagine me" (surely it must hurt him **to talk** like that) "playing in a band?"

"I'm sorry, sir, I spoke without thinking."

「そのうちにバンドで弾くんですか？」

「おいおいピーター，わしがそんなことをすると思うのか？……バンドで演奏するなんて」**その口ぶりからすると，**きっと感情を害したにちがいない。

「すみません，大佐，うっかりしちゃって」

▨解説　警察のお偉方が即席で巧みにピアノを演奏するのを聞いて，参考人としてその私邸に招かれた少年が無邪気に尋ねたのが冒頭の発言である。それに対して「まさか！」と否定の返答をするわけであるが，下線部はそのときのこの高官の気持を推し量っての付言である。はたして彼は少年の言葉に侮辱を感じ，感情を害していたのであろうか。次の二文を比較：

(a) It must *hurt* him **to talk** like that.

(b) He must *be hurt* **to talk** like that.

(a) では It は形式主語で to talk はその内容を表す名詞用法，(b) では不定詞は推量の根拠を表す副詞用法である。

(a) そのように話すことは彼の心に痛みを与えるにちがいない。(そんなふうに話すことに彼は心苦しさを感じているにちがいない)

(b) そのように話すなんて，彼は感情を害しているにちがいない。(きっと感情を害しているためにそんなふうに話すのだろう)

〔例〕の訳は (b) に解しているが，正しくはもちろん (a) である。すなわち，ティーンエイジャーである相手の見当違いの質問に対して，その気持を傷つけたくないと思いながらも「このわしが，バンドで？　ばかも休み休み言いたまえ」といったニュアンスに受け取られかねない口調で答えなければならないこの初老の紳士の心苦しさを想像しているのである。(紳士であることの第一の資格は，他人に対する思いやりの心である)

◈**注意**　〔例〕のなかで "Do you **ever** play ...?" が「そのうちに弾くんですか?」と訳されているが，これも類例のよくある犯しやすい誤りの一つ。

ever は未来時制と用いれば「将来いつか」の意を表す (Shall I **ever** *see* her again? 今後ふたたび彼女に会うことがあるでしょうか) が，現在時制と用いられた場合は「未来」の時を対象とするのではない。過去・現在・未来に限定されない時を対象とした「いつか」(at any time) の意で，否定の never に対応する意味を表すと考えればよい。

He **never** plays golf. (彼はゴルフをすることはない)
Does he **ever** play golf? (彼はゴルフをすることがありますか)

したがって，〔例〕の質問も「あなたはバンドで弾かれることがあるのですか」の意である。

103

〔例〕 People often write obscurely because they have never taken the trouble to learn to write clearly. This sort of obscurity you find too often in modern philosophers, in men of science, and even in literary critics. Here it is indeed strange. You would have thought that men who passed their lives in the study of the great masters of literature would be sufficiently sensitive to the beauty of language **to write** if not beautifully at least with clearness.

人々は明りょうに書くことをほねおって学んだことがないため意味のわかりにくい書き方をすることがよくある。この種の難解さは近代の哲学者，科学者，さらに文学批評家の中にさえきわめてしばしば見いだされる。批評家の場合などはまったく変な話だ。一生を偉大な文豪たちの研究に過ごした人々は，美しくとは言わぬまでも少なくとも明りょうに**書かれる**ことばの美しさというものに対してじゅうぶん敏感になっていると考えるだろうから。

■解説　不定詞の用法は大別すれば (1) 名詞 (2) 形容詞 (3) 副詞 (4) 独立の四つになり，それぞれの文脈においてそのいずれに属するかが正しく区別されなければならない。この訳文では「明りょうに**書かれる**ことば」となっているので，「形容詞」用法に解されていることがわかるが，そのような修飾関係は成り立つであろうか。上の文を簡略化して考えてみれば:

(a) They should be sufficiently sensitive to the beauty of language **written** with clearness.

(b) They should be sufficiently sensitive to the beauty of language **to write** with clearness.

(a) ならば過去分詞 written は language を修飾し，「彼らは明りょうに書かれた言語の美しさに対して十分な感受性をもっていなければならない」であるが，

(b) では to write という不定詞は language を修飾するという関係は成立しない。ではどう解釈すればよいのか。

(b)′ They should be sensitive **enough** to the beauty of language **to write** with clearness.

これならばわかるだろう。to write は sufficiently (=enough) を修飾する，「程度」を表す「副詞」用法であり，

「彼らは明りょうに文章を**書くことができるだけの**感受性を備えていなければならない」

という意味を表している。

●したがって下線部の内容は:

「批評家たるものは，美しい文章とは言わぬまでも少なくとも文意の明りょうな文章を書くことができる程度には，言葉の美しさというものに対する感受性を備えていると，あなたがたは考えたでしょう」

12 代 名 詞

104

〔例〕 Should he try for Nurse Penfield or not? ... She was intelligent, friendly; good figure too. ... He calculated. He would probably have to take her out a couple of times before she came through. Then **that** settled **it**; it couldn't be this month —— money was too short. Save it for me, la Penfield.

ペンフィールド看護婦に今切りだしたものかどうか？ …彼女は聡明で，気さくで，スタイルもよかった。…彼は計算した。おそらく二度も誘いだせばものになるだろう。だが別の要素が答えを決定した。今月は無理だ——懐ろが淋しすぎる。ぼくのためにとっといてくれよ，ペンフィールド。

解説　病院の解剖室。ペンフィールド看護婦が遺体に付き添って入ってくる。それを受け取る「彼」は病理の研修医であるが，彼女から渡されたカルテなどに目を通しながら，彼女の身近な存在とその女性的な魅力を強く意識する。触手を伸ばすべきかどうか。彼は計算する。一回ではものになるまい。二，三回は付き合う必要があるだろう。資金がいる。とすれば，やむをえない。今月は無理だ——なにぶん手元不如意なもんで。ほかのやつのものにならないで，待っててちょうだいよ，ペンフィールドお嬢さん。

●下線部を直訳すれば「それでそれがそれを解決した」となるが，このままでは翻訳でも英文和訳でも通用しない。だが「別の要素」という訳は，that という語が表しえない意味を表すことになる，という点で，もっと具合が悪い。

that と it が指すものはそれぞれ何か。

●**that** は直前に述べられていることを指す。ここでは「彼女をものにするには二，三回付き合わなければならない（したがって当然資金が必要）ということ」である。

it は，ある文脈で問題になっていることを指す。この文脈では「ペンフィールド嬢をものにすべく行動を起こすかどうかということ」である。

●つまり，もうおわかりのように，下線部の具体的な**内容**は「何度か付き合うだけの金が必要だということが，彼女にモーションをかけるべきかどうかという問題に決着をつける」であり，
これを表す一般的な**訳文**は「これで問題解決だ／これできまりだ」といったようなものになる。

◆**注意**　this は「近くのもの」を指し，that は「離れたところにあるもの」を指す，ということはだれでも知っているが，ある文脈で用いられた場合の，両者の用法はどう違うのか。

this は「今述べたこと」も，「これから述べること」も両方指すことができるが，that は「今述べたこと」だけしか指すことができない。

If **this** (*or* **that**) is so, I will protest.

（もしその通りなら，僕は抗議する）

Listen to **this**!　He was fired.

（いいかい［これから言うことをよく聞けよ］，彼はクビになったんだぜ）

◆**参考**　〔例〕の下線部のように，that と it を併用した表現が多く，その指示内容は上に説明した関係が成り立つが，直訳はしない。

"Oh," said Dottie, almost disappointed that **that** was all there was to **it**. "Was that ...?" She could not finish the question.

"**That** was **it**," he nodded.

—— Mary McCarthy: *The Group*

「あら，そう」と，ドティは，ただそれだけのことだったのかと失望を感じながら言った。「じゃあ，あれが…？」質問は尻きれとんぼになった。

「そうなのさ」と彼はうなずいた。

◆**注意**　〔例〕の下線部の前の文 He would probably **have to** take her out a couple of times **before** she came through. が「おそらく二度も誘いだせばものになるだろう」と訳されているが，have to ～ before ...（…する前に～しなければならない）が強調する意味は，

(a)「〜しさえすれば…できる」

(b)「〜してはじめて（やっと）…する／〜しなければ…しない」

のうち，(a)（上の訳文と同じ）ではなく，(b) のほうである。例を示しておく。

He **had to** be called two or three times **before** he would come to his dinner.

—— Somerset Maugham: *Of Human Bondage*

〔誤〕 二，三度呼んだだけで彼は食事にやってきたものだった。

〔正〕 二度も三度も呼ばれなければ彼は食事にやってこないしまつだった。

●したがって〔例〕の文も「おそらく二度か三度誘い出さなければものにならないだろう」のように否定的に訳したほうが文脈的意味もよく表れることがわかる。

105

〔例〕 Every man of science whose outlook is truly scientific is ready to admit that what passes for scientific knowledge at the moment is sure to require correction with the progress of discovery; nevertheless, **it** is near enough to the truth **to serve** for most practical purposes, though not for all.

真に科学的な見方をするすべての科学者は，現時点で科学的知識として通っているものは発見の進歩とともに必ずや修正を要することになるだろうということを，すすんで認めようとする。しかしながら，ほとんどの用途に対してではないにしても，非常に実用的な用途に対して**役にたつということは**十分真理に近いのである。

■解説　代名詞 it は文脈によりいろいろなものを指すが，この文では，(a) 前出の名詞的要素を受けるか，(b) 形式主語として後続の to serve という不定詞を指すかのいずれかにしぼられる。前の文とセミコロン (;) で区切られているという形からは，瞬間的に (b) を考えがちであり，この訳もその解釈でまとめてあるが，いかなる場合にも速断は禁物である。この英文は，まず「現時点で科学的知識として通っているものは究極的真理ではなく将来きっと修正を要するだろう」と切りだした文を受けて，「しかしそれは，すべてではなくとも大ていの実際的目的に役立つ程度には真理に近いのである」と続けなければ，論旨が通らない。すなわち，it は前の what passes for scientific knowledge を受けており，to serve という不定詞は，形式主語の内容を表す名詞用法ではなく，enough と関連する副詞用法なのである。

◈**注意**　〔例〕の訳で for *most* practical purposes が「非常に実用的な」となっているが，これは「ほとんどの」の意。文脈によっては次の (b) 2) に相当し「非常に」の意が成り立つこともあるが，ここでは for *all* と対照して用いられているから不可である。

(a) **a most** important problem

非常に重要な問題〔a most＝very〕

(b) **most** important problems

1) たいていの重要な問題〔most＝almost all〕

2) 非常に重要な問題〔(a) の複数の場合〕

(c) **the most** important problem

最も重要な問題〔the most＝最上級〕

13　関係代名詞

106

〔例〕 Beside him is a champagne bottle in an ice bucket from **which** he has obviously been drinking.

彼の横には，彼が今まで飲んでいたとおぼしき氷のバケツがあり，シャンペンのビンがはいっている。

解説　一般に関係代名詞はその直前の名詞を先行詞とするのがふつうであり，またバケツから水を飲むことも時と場合によってありうるわけだが，この文ではやはり which の先行詞は bottle で，彼は，氷が溶けた水ではなく，シャンペンを飲んでいたと解するのが妥当である。すなわち，「彼のそばには，アイスバケットの中に，明らかに彼が今までラッパ飲みしていたシャンペンのびんが入っている」のような訳になる。

参考　上に類した文で先行詞の誤解を避けるためには Beside him *in an ice bucket* is a champagne bottle from which he has ... のように語順を変えればよい。なお **drink from a bottle** はいわゆる「ラッパ飲み」をすることである。

107

〔例〕 Suddenly the ocean burst upon us in all of its awfulness. Quickly bringing the car to a halt, we sat as if stupefied by what spread before us. ... Great angry waves rushed shoreward as if they were trying to reach us. ... Inspired with fear we did not stop to analyze, we turned homeward. Never again have I desired to see the ocean.

突然，海はそのきわめて恐ろしい姿を，私たちの目の前に現した。すばやく車を止めると，私たちは目の前に広がる光景に感覚が麻痺したかのように，じっとすわっていた。…怒った大きな波は，まるで私たちのところまで来ようとするかのように，岸に押し寄せていた。…恐怖にかられ，私たちは海をじっくり見ようと車を止めていられず，家路についた。二度と私は海を見たいと思ったことはない。

解説　下線部の we did not stop to analyze は，a fear を修飾する節で，その前に関係代名詞 (that または which) が省略されている，いわゆる接触節 (Contact Clause) である。だから，そのまま直訳すれば，

「われわれがじっくり分析しようとはしなかった恐怖に襲われて，私たちは家路についた」

となる。すなわち，「私たちは，ある得体の知れない恐怖に襲われ，その恐怖の正体をその場でいちいち明らかにしようとはせずに，家に向かった」といった内容を述べている。

◆**注意**　もし，上の訳文を成り立たせようと思えば，もとの英文は，

Inspired with fear , we did not stop to analyze the sea, and turned homeward.

のようなものでなければならない。

108

〔例〕 At the age of thirty he had decided that his distaste for the society in which he lived was so complete that he could no longer reconcile himself to being a member of it. ...... Although unmarried he was by the standards of the world he despised a successful and resourceful man.

30歳にして彼は，自分の生きている社会に対する嫌悪はどうしようもないもので，もはやその一員であることに甘んじることはできないことを思い知った。…… 世間並の結婚もまだしていないのに，彼はもう成功して財を蓄える男というものを軽べつするようになっていた。

▨**解説**　この下線部にコンマを一つ置くとすれば，

(A) Although unmarried he was by the standards of the world, he despised a successful and resourceful man.

ではなくて

(B) Although unmarried, he was by the standards of the world he despised a successful and resourceful man.

でなければならない。上の訳は (A) のように区切って作られているが，そのような英文は成り立たない。この文の正しい解釈のためには，he despised が接触節であるということを認めることが肝心な点である。(B) は，さらに，省略要素を補い，語順を一般的な形に変えれば，

(B)′ Although *he was* unmarried, he was a successful and resourceful man by the standards of the world *which* he despised.

となり，次のような意味を表している。

「彼はまだ独身であったが，彼が軽べつする世間の物指しによれば，出世コースに乗った有能な人間であった」

◈**注意** 「～なのに，～だが」という譲歩形式を「彼は勤勉だが貧しい」という文について考えてみれば：

① **Though** [*or* **Although**] *he is diligent*, he is poor.

② **Though** [*or* **Although**] *diligent*, he is poor.

③ *Diligent* **as** [*or* **though**] *he is*, he is poor.

④ **Though** [*or* **Although**] *diligent he is*, he is poor.

①②③ はいずれも正しい。② は ① の文において「主語＋be 動詞」が省略された形である。

しかし，④ のような形式は用いられない。もちろん，

However diligent he is, … (たとえどんなに勤勉でも…)

という形式は正しいけれども。

〔例〕の翻訳文は明らかに ④ の形式を正しいものとして訳されているが，この英文は ② の形式による譲歩表現なのである。

◈**参考** 〔例〕の英文は，by the standards of … という挿入要素や接触節が誤った構文解釈を生む一つの原因になっているが，by the standards という表現を含み，うっかりすると修飾関係を誤読しやすい文を，入試問題から示しておく：

How many do you suppose of the students who are reading this have written a paper that by their own standards fell far short of a "well done" paper?

(これを読んでいる学生のなかで，自己の基準からいっても，「よくできた」レポートとはとても評価できないようなレポートを書いたことのある者が何人いるとあなたは思いますか)

How many *do you suppose* … have written … というつながりを間違えないようにすること。

109

〔例〕 How can we keep the government we create from becoming a monster that will destroy the very freedom we establish it to protect?

われわれのつくる政府が，自由を守るためにわれわれがつくる自由そのものを逆に破壊してしまうような怪物にならないようにするには，どうすればよいか。

解説 上の訳文では establish の目的語の it も，protect の目的語の省略された関係代名詞も，両方とも freedom を先行詞としているように訳されているが，構文と文意が成り立つだろうか。先行詞を関係詞節の元の位置に還元して

We establish *it* to protect the very freedom.

としてみればすぐわかるように，it は freedom と解するのは不自然で，当然他の先行詞を考えなければならない。もちろん monster ではありえず，government ということになり，「われわれは自由を守るためにこそ政府をつくるのだが，その政府がこの自由を破壊する怪物にならないようにするには，どうすればいいだろう」という内容を述べていることがわかる。

110

〔例〕 Since the future is hidden from us till it arrives, we have to look to the past for light on it. Our experience in the past gives us the only light on the future **that** is accessible to us. Experience is another name for history.

未来はそれが到着するまではわれわれには予知することもできないのだから，それを照らしてくれる光明を過去に求めなければならな

い。過去の経験こそわれわれにほど近い未来を照らす唯一の光明である。経験とは歴史の別名である。

解説　関係代名詞の前に幾つかの名詞がある場合，先行詞がどれであるかは，文脈的な意味と文法的な形式の両面から考えて決めなければならない。たとえば，

You are sometimes completely unconscious of the *things* in your *individuality* **which** annoy your friends.

という文では，annoy が複数動詞であるから，先行詞は単数名詞 individuality ではなく things であることがわかる。上の〔例〕では light も future も単数名詞であるから，この面からは決定できないが，文脈と the *only* ~ that ... の相関形式から，先行詞は light でなければならない。すなわち，過去の経験は「われわれが手に入れることができる，未来を照らす唯一の光」である，ということなのである。

◈注意　「あなたの友人を困らせるあなたの個性の中のものを，あなたは全く意識していないことがときどきある」というのが，上の英文を，英語の語順に従って，忠実に訳していけば必然的にできあがる訳文で，試験ならば合格答案である。しかし，日本語として独立できる訳文ではない。なぜならば，原文を読まない人は，「友人を困らせる」のは「あなたの個性」なのか「個性の中のもの」なのか，判断に迷わざるをえないからである。したがって，たとえば，

「自分の個性のなかの，友人にいやがられる要素に，自分では全く気がついていないことがときどきある」

のようにすればよい。

111

〔例〕 Clearly I contradict what, at the university of Chicago, I was taught was the first and only law of economics: "There is no such thing as a free lunch."

明らかに私は，シカゴ大学で私が教えられた最初の，そして唯一の

経済学の法則である「ただの昼飯などというものはない」ということを否定している。

■解説　at the university of Chicago という挿入句が，一見，構文をまぎらわしくさせているようなので，これを除いてしまって，

what I was taught was the first and only law of economics

という部分をもう一度よく見ればよい。そうすればこれは，たとえば，

Do what | ① you believe | is right.
| ② you are taught |

（① 正しいとあなたが信じることをせよ。
② 正しいとあなたが教えられたことをせよ。）

といった文と同じように，

what ∧ was the first and only law of economics

という節に，I was taught が挿入された形式であることがわかる。

●したがって訳文は「シカゴ大学で，経済学の第一の，そして唯一の法則であると私が教わったこと」のようなものでなければならない。

◆注意　いうまでもなく，

①「大学で私が教えられた唯一の経済学の法則」と

②「経済学の唯一の法則だと大学で私が教えられたもの」

とは全く意味が異なる。① では「私が大学で教わった経済学の法則はこれだけ」ということになってしまい，経済学の専攻者にとってはありえない内容を述べることになる。なお，〔例〕の翻訳文に相当する英語は次のようなものでなければならない。

the first and only law of economics that I was taught at the university of Chicago

●このように I think に類する要素が他の節に挿入される形は『連鎖節』(Concatenated Clause) と呼ばれることがあり，(1) この例のように関係詞節の中に挿入される場合と，(2) 疑問文の中に挿入される場合がある。

(1) The man *who* **I thought** was your uncle proved to be a total stranger.

(君のおじさんだと僕が思った人は，あかの他人だった)

(2) What **do you think** he did then?

（そのとき彼はどうしたと思いますか？）

◈**参考**　(a) 挿入節で以上の例以外の動詞が用いられた文と，(b) 挿入節が二つ重ねて並べられた三重連鎖形式の文を示しておく。

(a) Then at that moment there was a scream of despair by all the field that had come up, which **they declared** afterwards was more like a woman's voice than man's.

—— David Garnett: *Lady into Fox*

するとその瞬間に，絶望の悲鳴が駆けよったすべての遊猟参加者に聞こえたが，それは，男よりも女の声に似ていたと，あとになって彼らは断言した。

(b) The third type of Japanese abroad were those who had adapted only too quickly and too well. They would speak more or less good American English, but in a loud, aggressive manner, aping what **I suppose they thought** was true American informality.

—— James Kirkup: *How I Discovered America*

外国にいる日本人の三つ目のタイプは，あまりにも早く，またあまりにも如才なく環境に適応してしまった人たちである。この人たちは，それなりに上手なアメリカ英語を操るが，その話し方は，これこそアメリカ風の打ちとけた態度であると彼らが考えているにちがいないものを真似た，きざなずうずうしいものである。

◉連鎖節部分の直訳は「(真のアメリカ的ざっくばらんである）と彼らが考えていると私が思う（ところのもの)」である。

112

〔例〕 She had called him late that afternoon ... and said cool as you please, he hardly knew her voice, "I'm sorry for whatever pain this is causing you, truly sorry, but ... I want us both to come to a decision we can live with. It's the year nineteen sixty-nine and there's no reason for two mature people to smother each other to death simply out of inertia."

その日の午後…彼女から電話をかけてきて，落ち着いてちょうだい，と言った。彼女の声だとはほとんどわからなかった。「すっかり迷惑をかけちゃってごめんなさい。本当に済まないと思っているわ。でも…あたしは，あたしたち二人が一緒に暮せるという決心がつけばいいと思うわ。いまは1969年なのよ。二人とも立派な大人のくせに，ただ惰性のために互いに首をしめあっているなんておかしいじゃない。

解説　「彼女」というのは「彼」の妻であるが，目下は夫と子供を残して家出をして，別の男にくっついて暮らしている。問題は下線部の we can live with という節で，この訳文では decision の内容を表す，同格節と解されている。しかしそれならば，英語は ... come to a decision *that* we can live *together* のような形でなければならない。

原文は関係代名詞が省略されているが，decision を先行詞とする関係詞節である。曲者は live with ということになる。with の後に人が来れば，当然「～といっしょに住む(暮らす)」であるが，そうでない場合は「～を［甘んじて，がまんして］受け入れる，～になじむ，～と折り合う」といった意味を表す。

(a) He came to **live with** her family.

(b) He came to **live with** the fact.

(a) は直訳的には「彼は彼女の家族といっしょに住むために来た」となる普通の場合であり，

(b) は「彼はその事実を受け入れるようになった」の意を表す。(come to ～「～するようになる」)

したがって〔例〕において彼女が望んでいるのは「私たち両方が受け入れることができるような決論に達する」ことであり，「いっしょに暮らすこと」よりもむしろ「離婚すること」がほのめかされていると考えられよう。

◆注意　次のような例において節の種類は正しく区別されなければならない。

(a) The story *that the girl told him* is incredible.

(b) The story *that the girl killed him* is incredible.

(a) は「その少女が彼に話した話は信じられない」で，that は story を先行詞とする関係代名詞。

(b) は「その少女が彼を殺したという話は信じられない」で，that は story と同格の名詞節を導く接続詞。

▶〔例〕の初めのほうの部分 said cool as you please は，「落ち着いてちょうだい，と言った」ではなく「いとも落ち着いて言った」の意。

113

〔例〕 There are some things that I would not have done, and some things **that** I have failed to do **that** I would do.

私はしなければよかったと思うものもあるし，したいと思っても仕損じたこともある。

解説　二重制限の関係代名詞の例である。たとえば，

There are things *that* a woman can do *which* no man can possibly do.

ならば「女にできることで男にはとうていできないことがある」というふうに，前の関係詞節をさきに訳し，後の関係詞節をあとから訳すことになる。

上の〔例〕も「私が今までにできなかったことで，できればやりたいと思うことがある」という形式でまとめるのがよい。

◈**注意**　上の例の訳に見られるような，訳し方の順を逆にしても意味は結局同じで，かまわないのではないか，という質問をよく受ける。「女にできることで男にできないこと」でも「男にできないことで女にできること」でも違いはないのではないか，というのである。が，両者は同じではない。意味の重点の置きどころが逆になってしまう。前の関係詞節はワクをきめるだけで，陳述の主旨は後の関係詞節が表している。すなわち，

There's nothing *that* you know *that* I don't know.

ならば，この文の主旨は「君の知っていることはない」ではなく，「僕の知らないことはない」のほうであるから，やはり「僕の知らないことで君の知っていることはない」ではなく，「君の知っていることで僕の知らないことはない」でなければならない。

◈**参考**　この構文では前の関係詞節が接触節の形（関係詞が省略された形）を

とることも多く，また節以外の形式で同じように制限を加えることがある。

These are the first Japanese *I have seen* who do not smile.

（この人たちが私が会ったうちで微笑しない最初の日本人である）

There is nothing *known* which you cannot also know.

（知られていることであなたもまた知ることができないことは何もありません。［＝およそ人の知っていることなら，あなたも学べば知ることができるのです］）

114

〔例〕 There was apparently nothing **that** a man shouldn't say to a woman —— even to one he hates, and the fact was that Whitey loved her, adored her, worshipped her —— **that** he didn't say to Myra.

どうやら男には，女に向かって——憎んでいる女にたいしてさえ，言ってはならないことは一つとしてないらしい。ところが実のところ，ホワイティはマイラを愛し，崇め拝み奉っていながら，そこのところを妻に向かって口に出して言えなかったのだ。

■解説　ホワイティはマイラの夫である。意志薄弱な彼は，ときおり町の飲み屋でしたたか酒をくらって帰宅することがあったが，今夜はちょっとした事情がきっかけで，妻に悪態を浴びせることになってしまった。

一般に，ダッシュ（—）が前後に置かれた部分は「挿入」であるから，かっこに入っているつもりで，その部分を除いて前に続けて読めばよい。そうすればこれは，

There was apparently nothing **that** a man shouldn't say to a woman **that** he didn't say to Myra.

という文になる。とすると，これはいわゆる関係代名詞の「二重制限」の構文で「男が女に向かって言ってはならないことで，このとき彼（＝ホワイティ）がマイラに言わなかったことはなにもなかったようにみえた」，つまり「およそ，男が女に向かって言ってはならないあらゆる悪口雑言を彼はマイラに

浴びせかけるかのようであった」の意であることがわかる。

◆**参考**　挿入部分を加えた文の内容は「男が女に向かって（たとえそれが憎んでいる女に向かってであろうと——そしてホワイティの場合はマイラを愛し，賞賛し，崇拝していたというのが真相だが）言ってはならないことで，そのとき彼がマイラに向かって言わなかったことはなかった」となる。

●また次の例では，先行詞が what (=that which) の中に含まれているが，二重制限の関係を正しく認めること。

What the Japanese have **that** Americans by and large don't is a finely cultivated sense of the importance of looking at the corporation as a social organization, not simply as a profit-oriented enterprise. —— *Newsweek*

日本人が持っていてアメリカ人が概して持っていないものは，会社をただ単に利益追求企業としてではなく，社会的組織体として見なすことの重要性についてのみごとに養われた意識である。

115

〔例〕 The most beautiful and most profound emotion we can experience is the sensation of the mystical. It is the sower of all true science. He **to whom** this emotion is a stranger, **who** can no longer wonder and stand rapt in awe, is as good as dead.

我々が経験しうる最も美しく最も深い感情は神秘感である。それはすべての真の科学を生み出すもとである。この感情を知らない人で，もはや感嘆したり畏怖の念に心を奪われたりすることができない人は，死んだも同然である。

■**解説**　「～を知らない人で～できない人は…」という訳を見てもわかるように，関係代名詞の‘二重制限’の例として掲げられた文である。

二重制限は，二つの関係詞節が同一の先行詞を制限する形式であるが，二つの関係詞節が並べばすべて二重制限になるとはかぎらない。

この例では，who can ～ という後の関係詞節は，to whom ～ という前の関係詞節の内容を説明した並列的なものであって，二重制限ではない。すなわち，「この感情を知らない人（＝神秘感を感じない人）」とは言いかえれば「もはや感嘆したり畏怖の念に心を奪われたりしない人」であることを述べている。したがって訳文は

「この感情を知らない人，もはや驚異を感じ，畏怖の念に心を奪われることのできない人は，死んだも同然である」

という並列形式にしなければならない。

◈**注意**　次のような場合も区別すること。

(a) There was not anything **that** he wished to have **which** he was denied.

(b) It was something **that** he wished to have *but* **which** he was denied.

(c) It was something **which** he yearned for, **which** he wished to obtain even at the cost of clean conscience.

(a)「彼が欲しがったもので与えられなかったものはなにもなかった」　これが二重制限の場合である。

(b)「それは彼が欲しがったが与えられなかったものであった」　二つの関係詞節が接続詞で結びつけられた場合で，二重制限ではない。

(c)「それは彼が焦がれ求めたもの，良心にやましいことをしてでも手に入れたいと思ったものであった」　これは最初の〔例〕と同じく追叙的・並列的な場合であって，二重制限ではない。二重制限では，もちろん，両方の関係詞が制限的用法であるから，特に理由のないかぎり，後の関係詞の前にもコンマが置かれることはない。

14 仮 定 法

116

〔例〕 "I wish now that **you'd** let her die."

「彼女を殺してほしいわ」

解説 「彼女」とは浴室で自殺を図り，手遅れにならないうちに夫（この文中の you）に発見されて一命を取りとめた人妻のことである。上の言葉は，この夫と愛人関係にある女性の願望なのであるが，彼女は今，彼に殺人を唆しているのであろうか。わなは 'd である。ここでは you'd が you would ではなく you had の縮約形であることに気づかなければならない。すなわち，この女性は，「自殺を図った彼女をそのまま死なせてしまえばよかったのに」という趣旨の恨み言を述べたのである。

参考 関連した入試問題を一つ。次の空所にどんな語を入れれば二文が同意になるだろうか。

I'm very sorry I have to leave so early.
I wish I (　　) have to leave so early.

注意 上例のもう一つのミスは let her die を「彼女を殺す」とした点である。kill her と let her die とは違う。もちろん，**make**（[無理に]～させる）と **let**（[相手の思い通りに]～させる）との相違もはっきり区別されなければならない。《空所に入れる語》didn't（現在の事実と反対の願望を表すので「仮定法過去」）

117

〔例〕 Not in a hundred years **could** a committee of women of principle meeting at Geneva bring peace to Europe. And a committee of men of principle would take nearly as long as they.

過去百年間にジェネヴァに会合した高潔な女性達の委員会はヨーロッパに平和をもたらすことは出来なかった。そして高潔な男性達の委員会も女性達のそれとほとんど同じ位長くかかるであろう。

解説　女性は平和の天使として描かれたことが多いが，むしろ紛争の原因になることが多いことを述べた文に続く一節である。否定詞が文頭に出て倒置形式になっているが，in a hundred years はもちろん「過去百年間」を表しはしない。could は第二文の would と同じ仮定法的用法で「百年かかっても平和をもたらすことはできないだろう」という意味である。

a man of *principle* はふつう「節操のある人」と訳されるが，ここでは皮肉な意味をこめ，節を曲げないだけでなく，盲目的に自己の主義を貫こうとする人を指している。「主義」を表す語は他に cause があるが，たとえば die for a *cause* は「ある原因のために死ぬ」ではなく，もちろん「主義のために死ぬ，大義に殉ずる」の意である。*for the cause of* freedom は「自由のために」の意。

注意　仮定法的な could を用いたよくみる表現に *couldn't* care less（[これよりも気にしないということはできないだろう→]全然気にしない），I *could* kill him.（〔できれば〕殺してやりたいくらいだ）〔72ページ参照〕などがある。

I *could* dance for joy. も「踊れた」という過去のことではなく，「嬉しくって踊りだしたいくらい」

I'm so lonely I *could* die.（死ぬほどさびしい）というのも女性などがよく口にする言葉だが，「今日もだれも来なかった」と日記に書き残して死んでいった，独り住まいの婦人のことも，いつか英国の新聞が伝えていた。

118

〔例〕 The teacher was a so-called radical economist named Donald Vogel. He had already earned a place in Harvard history by interweaving all his data with obscenities. Furthermore, his course was famed because it was a total gut.

It would be an understatement **to report** the hall was packed. It overflowed with lazy jocks and zealous pre-med students, all in quest of lack of work.

担当教授はドナルド・ボゲルという，いわゆる急進派の経済学者だった。彼は通俗的な用語を織りまぜながらの講義によってすでにハーバードの歴史科に確固たる地位を築いていた。のみならず，彼の授業は，努力しないで単位がもらえることでも有名だった。

これは教室がすし詰めだという評判の控え目な表現だったのだろう。怠け者の運動部の生徒や向学心の強い医学部進学課程の生徒といった，いずれにしろ単位の穴埋めに必死の生徒たちであふれかえっていた。

▨解説　身動きできないほどいっぱいに混んでいる状態を日本語では「すし詰め」と言い，『比喩表現辞典』(中村明) には「鮨(すし)のように押しつめられている」(夏目漱石：明暗)，「六畳の間に十一人もつめこまれ，夏のことゆえ，むし鮨のようにむれてしまいました」(林房雄：青年) などの例が見られる。

英語では，混んでいる状態はふつうには crowded (混んでいる) であり，やや大げさに言えば packed (満員；ぎゅうぎゅう詰め) であり，日本語の「すし詰め」にあたる比喩表現は sardine (いわし) を引き合いに出して packed like sardines と言う。

さてその下線部であるが，構文的には It は形式主語で，to report (報道する；伝える；～だと述べる) がその内容である。この不定詞は条件の意味を含み，if you reported に置き換えられる。したがって「教室は立錐(りっすい)の余地もなかったと言えば，控え目な表現ということになるだろう」すなわち，ふつうなら packed と言えば誇張的な表現になるのだが，この講義の満員ぶりは packed ではまだ十分表せないで，聴講者で‘あふれかえっていた’(overflow) というのである。

◈参考　「白髪三千丈」式の誇張表現に対して，控え目な表現は‘understatement’であるが，この語は‘reserve’(控え目な態度) などとともに，英国

人の国民性を語る場合には必ず引き合いに出される言葉であり，英国人はこの種の表現を好んで用いる。たとえば，

Not too bad.（悪くはないね）と言えば，Very good. とほぼ等価であり，Do you like it? に対して Rather.（どちらかといえばね）という返事であれば，これは Very much. に置き換えて受け取ってよい。He is very clever. と言わないで He is far from stupid. / He is no fool.（決してばかじゃない）のように表すのも understatement の一種である。

119

〔例〕 All my friends and acquaintances seemed to think of him as long-suffering, patient, and terribly secure —— for a man. Was my success some sort of allergy that had to be tolerated? **In my position**, a man would be crowing; I was forever apologizing. Thanking my husband for "putting up with" my fame. Apologizing to less successful friends by telling them how awful it really was to have what I had. And I felt apologetic. And obligated.

わたしの友人や知人みんなが考えているらしい彼は，辛抱強く，忍耐強く，おっそろしく安全だった——男としては。わたしの成功は，がまんしなければならないアレルギーみたいなものなのか？ **わたしの場合**，男が勝ち誇った声をあげ，わたしはずっと謝りっぱなしだった。わたしの名声に「がまんしてくれる」ことに対して夫に感謝する。わたしが手に入れたものを所有するということが本当はどんなに恐ろしいか話すことによって，あまりぱっとしない友人たちに謝る。そして実際わたしは謝りたい気持になった。しかも負い目があるという気持。

解説 「わたし」は今や名声をほしいままにする流行女流作家であり，「彼」とは，その「わたし」の「夫」である。作家的野心に満ちた妻にくらべれ

ば，あるいはその妻ゆえに，いささか影が薄い存在になっている精神病医であるが，わたしの名声に対して積極的な反応を示すでもなく，ただむっつりと自分にこもっている。わたしは，成功した妻の，目立たない夫に対する後ろめたさを感じる。「男ならば，私のような立場に置かれれば，得意になって勝ち誇るだろう。だのに，女であるわたしは，いつも申し訳ないといって謝ってばかりいるのだ」――〔例〕の下線部は，このような内容を表している。すなわち，In my position という句に仮定法過去と同じ条件の意味が含まれ，この文は If he *were* in my position, a man *would* be crowing と書き換えることができる。

◈**注意** 「条件」を表す代表的な形式は，*if*-Clause であるが，節の形をとらない語句が条件を表す場合が多い。前項およびこの項の二つの〔例〕は，不定詞と副詞句の場合であるが，次は名詞（主語）が条件を表す例：

A less careful man *would* overlook it.

（もっと不注意な人ならそれを見落すだろう）

〔現在の事実と反対の条件〕

A little reflection *might have reminded* him of his mistake.

（もう少しよく考えたならば彼は自分の間違いに気がついていただろう）

〔過去の事実と反対の条件〕

◈**参考** 〔例〕と似た in one's place が仮定法過去完了の意味を表す場合を，Ghost Story（幽霊もの）の古典的代表作品である，アメリカの作家 Henry James の "Turn of the Screw"（ねじの回転）から引いておく。

"**In her successor's place**, I *should have wished* to learn if the office brought with it necessary danger to life."

「ぼくが彼女の後任者だったなら，その仕事には必然的に生命の危険を伴うのかどうか知りたいと思っただろうね」

●「彼女の後任者」とは，その前任者の死因を知らないまま，親代わりに二人の幼い兄妹の世話をする家庭教師の仕事を引き受ける若い女性である。

15 比　　較

120

〔例〕 A poor gasping, blushing creature, with trembling knees and twitching hands, is a painful sight to every one, and if it cannot cure itself, **the sooner** it goes and hangs itself **the better**.

ひざをふるわせ，手をぴくりと動かせて，哀れにも，息をはずませ，赤面している男の姿は，だれの目にも見苦しい光景としてうつる。そして，その状態は，もしなおさなければ，**それだけ早く**進行し，**それだけますますよく**めだつようになるのである。

解説 hang itself の解釈（ぶらさがる → めだつ）はともかくとして，注意してほしいのは，この比較級表現の構文解釈である。The sooner, the better.（早ければ早いほどよい）など，この構文は省略表現をとることが多い。さて次を比べていただきたい。

(a) … the sooner it goes / and hangs itself the better.

(b) … the sooner it goes and hangs itself / the better.

上の訳文は (a) のような区切りを考えて作られているが，これが成り立つためには … the sooner it goes, the better it hangs itself でなければならない。

ここではもちろん (b) が正しく，主節が省略表現になっており，「そんな気の弱い男は［世の中を渡っていくことはできないだろうから］さっさと首でもくくってしまったほうがいい」といった御託宣を，英国随筆一流の諧謔味に富んだ筆致で述べているのである。類例を一つ：

The more knowledge you have **the better**.

（知識は多くもてばもつほどよい）

121

〔例〕 The greater the threat posed by a test, the less it can measure, **far less** encourage learning.

試験による脅迫が強いほど，学力を計るどころか，勉強を奨励することもむずかしくなる。

解説 far less は，still less, much less, even less などと同じく，否定語を伴って，「なおさら（まして，いわんや）～ない」の意を表す。肯定の内容を受けて「いわんや～だ」の意を表す still (much) more に対する表現。

(a) He *can* speak German, **still more** English.

（彼はドイツ語が話せる，英語はなおさらのこと）

(b) He *cannot* speak English, **still less** German.

（彼は英語が話せない，ドイツ語はなおさらのこと＝彼はドイツ語どころか，英語も話せない）

すなわち，(a) と (b) では，容易な要素(English)と困難な要素(German)の順序が逆になっていることがわかる。

ところで，〔例〕の英文の主節部分は「試験は学力を計ることができなくなる，学力を助長することはなおさらできない」の意であるから，上の訳の形式に従えば，「勉強を奨励するどころか，学力を計ることもむずかしくなる」と，全く逆にならなければならない。

▶still (much) less はよく用いるが，still (much) more のほうは，よく解説されるが，実際には用いられることはまれである。

参考 let alone は前が肯定内容でも否定内容でも，両方用いる。

(a) He *can* speak German, **let alone** English.

（英語は言うまでもなく，ドイツ語も話せる）

(b) He *cannot* speak English, **let alone** German.

（ドイツ語は言うまでもなく，英語も話せない）

注意 「～は言うまでもなく」の意を表す熟語は他に to say nothing of ～ (not to mention ～, not to speak of ～) などの不定詞句がある。これは

また not to say ～「～とは言わないまでも」と区別しなければならない。

He has no scholarship, **to say nothing of** experience.

（彼は経験はもとより，学識もない）

He is frugal, **not to say** stingy.

（彼は，しみったれとは言わないまでも，しまり屋だ）

122

〔例〕 In the west too it was assumed that marriage was more than a personal affair. The alliance might be made for a variety of reasons, sentiment **the least** of them, and the parties involved had no cause to complain so long as their partner was suitable in age, rank, health and fortune.

ヨーロッパでも結婚は個人的な問題以上のことと考えられていた。この組織をつくりあげたのにはいろいろな理由があって，その**最低条件**は感情だったろうが，両家としては，当人たちの年齢・地位・健康・財産がつりあってさえいれば，それでなんの文句もなかった。

解説　言うまでもなく，「最低条件」とは「ぜひ必要なぎりぎり最低の条件」という意味であろう。上の訳文では「結婚の理由はいろいろあるが，当事者の愛情だけはぜひ必要だ」の意を表すが，原文は「感情はその最も小さな要素である」つまり「二人の愛情は最も問題にされない」で，周囲の利害・思惑によって取り決められたことを述べている。

123

〔例〕 If you are forced, on careful self-examination, to admit that you do not always show that regard for the feelings of others which you would wish shown to you, why not begin now to try to form a habit of 'feeling with' them, and of 'putting yourself in their place'? There is little to lose by it, except some small selfish pleasure in putting them in the wrong. There is much to be gained —— **not least**, an all-round increase of goodwill.

綿密に自己を検討したうえで，自分が他人から示してもらいたいと望む敬意を，必ずしも，他人の感情に対しては払っていないことを認めざるを得なくなったら，今からすぐに他人に「同情」し，「他人の立場に身を置く」という習慣をつけ始めなければならない。それによって，失うところはほとんどなく，失うといっても，ただ，人の誤ちを認めることによって得られるわずかな利己的な喜びぐらいなものだ。得るところは大きい——善意の**最小限**の増加ではなく，善意の全般的な増加が得られる。

▨解説　not (the) least は「最小ではない→相当大きな」の意を表す。たとえば

Not the least **of** her many faults is her vanity.

（彼女の数多い欠点のなかでも，とりわけ大きなのはその虚栄心だ）

He is depressed, *not least* because he lost his money on horse races.

（彼は消沈しているが，競馬ですったことがその大きな原因だ）

したがって，上の〔例〕が述べているのは「得るところは大きい——とりわけ大きな収獲は，善意が世の中にあまねく増し広がることである」といったことであろう。

◈注意　not the least は not at all の意を表すこともある。この場合，アクセントの位置を区別する。

There isn't the léast danger.（危険は少しもない）

There is nót the least danger.（少なからぬ危険がある）(*cf.* not a little「少なからぬ」)

次のような least の意味も間違えないように：

The least I could do was to consent.

（[私にできる最小限のこと→] せめて私にできることは同意することだった）

cf. The most I could do was to consent.

（[私にできる最大限のこと →] せいぜい私にできることは同意することだけだった）

◆**参考** 入試より例を示しておく。

Human diversity expresses itself in countless ways, and **not least** plainly in differences of tastes.

（人間の多様性は無数の形で現われるが，とりわけ趣味の相違にはっきり現われる）

124

〔**例**〕 He became aware that the world about him was absolutely silent. It was **as** still **as** it was dark.

彼は自分のまわりの世界が，全く静寂であるのに気づいた。暗やみのように静かであった。

■**解説** as ～ as は，二つのものについてその程度が同じであることを表す，いわゆる「同等比較」であるが，次のような場合がある。

(a) 異なった物と比較して，両者が同程度であることを表す。

(b) 同一物について，二つの性質が同程度であることを表す。

(c) 高度にその性質を持つ他者と比較して，それと同程度であることを述べる「強意比較」として。

(a) He is **as** honest **as** his brother is.

（彼は兄さんと同じように正直だ）

(b) He is **as** honest **as** he is kind.

（彼は親切であると同じ程度に正直だ）

(c) He is **as** greedy **as** a pig.

（彼はぶたのように貪欲だ）

上の〔例〕における as ～ as は (c) の形式として訳されているが，実は (b) の場合であって，「あたりの静けさの程度はその暗さの程度と同じであった → 暗さに劣らず静かであった」ということを述べている文である。

◆**注意** as ～ as は後に any, ever, can be などを伴った場合は，「～に劣

らず」の意が結局「この上なく；最も」といった最上級に近い強意表現になる。

He is **as** happy a man **as** *ever* lived.

He is **as** happy **as** *any* man alive.

He is **as** happy **as** happy *can be*.

（彼はこの上なく幸せだ）

as ～ as が表す「同程度」は必ずしも「高い」程度とはかぎらず「低い」程度の場合もある。その時は「否定」的に訳す。

He has **as much** chance of success **as** his lazy brother.

（彼が成功する見込みは怠け者の兄と同じ程度 → 彼は怠け者の兄と同じく成功する見込みはあまりない）

◈**参考**　実例を一つ示しておく：

What he had imagined so often and so long, and what actually happened now, resembled each other about **as** much **as** a fox-terrier and a rhinoceros.

—— Kingsley Amis: *The Riverside Villas Murder*

彼が何度となく長いあいだにわたって想像していたことと今実際に起こったこととは，フォックステリアと犀(さい)ほどにも似ていなかった。

◉ふつうならば resemble **as** much **as** ～ は「～と同じくらいよく似ている」であるが，この文脈では「似ている程度はフォックステリアと犀と同じくらい」すなわち「全然似ていない」の意になる。

125

〔**例**〕 The good point was that he was dressed in a week-end way, and not as if he were planning to go anywhere. I liked his clothes, too —— **better** than the suit in which I'd seen him before.

ありがたかったのは，彼が週末用の衣類を着ていて，外出用の身支度をしていなかったことである。それに，彼の衣類も気に入った——ゆうべ彼が着ていた服**より上等**である。

▨**解説**　英語の単語には，幾通りかの品詞に用いられるものが多い。better は good と well の比較級であり，文中における働きは，はっきり区別されなければならない。〔例〕の訳は *they* (=his clothes) *were* better than the suit のように good の比較級に解されているが，これは *I liked them* better than the suit（ゆうべ着ていた服よりも気に入った）と，副詞の働きをする well の比較級なのである。

◈**注意**　次に類した作文をよくみかける。

The ①**more** you know facts, the ②**more** you become curious and the ③**more** you want to know.

一読して，二箇所の訂正の必要を認めることができなければならない。more は many と much の比較級，したがって文中では名詞・形容詞・副詞の三通りに用いられる。上の文で ① は facts を修飾する形容詞 (<many)，② は curious を修飾する副詞 (<much)，③ は know の目的語になる名詞 (<much) である。したがって上の英文は，次のようになる。

The **more** *facts* you know, the **more** *curious* you become and the **more** you want to know.

最初の部分は原級に還元すれば，You know facts *much* は成り立たず，You know *many* facts である。

◈**参考**　省略的表現で better が用いられた例を入試より示しておく。

(1) He turned his light on again —— **better** to read than worry.

(2) Appearances are everything, so far as human opinion goes, … and a shabby-looking gentleman knows this —— no one **better** —— and will go a mile round to avoid meeting an acquaintance.

(1)「彼はまたあかりをつけた——心配するより本を読むほうがましだった」(<*it was* better to read than worry)

(2)「世間の評判に関するかぎりでは，体裁がすべてだ。そして，みすぼらしい身なりをした紳士はこのこと［＝相手が自分といっしょにいるところを他人に見られるのを避けたいと思っていること］を——誰よりもよく——知っていて，顔見知りの人に会うのを自分のほうで避けるために，1マイルも遠まわりをする」(<no one *knows this* better *than he*)

126

〔例 1〕 According to some of the most distinguished and thoughtful students of the mind, one of **the most** devastating and damaging things **that can happen to anyone** is to fail to fulfill his potential. A kind of gnawing emptiness, longing, frustration, and displaced anger takes over when this occurs.

一部のきわめて著名で思慮深い心理学者の説によると，どんな人の場合にも起こる可能性があるのだが，何よりも心を荒廃させ傷つけることの一つは潜在能力を十分に発揮できないことである。そのような事態になると，一種の心をさいなむ虚脱感，あこがれ，欲求不満，八つ当たり的な怒りなどが強くなる。

〔例 2〕 The six year old is about **the best** example **that can be found** of that type of inquisitiveness that causes irritated adults to exclaim, "Curiosity killed the cat."

考えられるところでは，6歳という年頃は，何かというと質問をしては，いらいらした大人を「好奇心は身を誤らせる」と叫ばせる典型のまずは好例と言える。

解説　両方の例において "that can ..." という関係代名詞節が非制限的に訳されているが，これは最上級表現のあとに用いられる制限的用法の関係詞節であることをまず認めておいて，次の簡単な例を見ていただこう。

The worst boss **that anyone can have** is a bad habit.

これを〔例 1〕にしたがって訳せば，

「最悪の主人は，どんな人でも持てる可能性があるのだが，悪い習慣である」

となるが，これはもちろん正しくない。それならば制限的に，

「だれでもが持つことができる最悪の主人は悪い習慣だ」

と訳せば正しいか。これも否である。

「人が持ちうる最悪の主人は悪い習慣である」

ならばよい。すなわち, that anyone can have は最上級を強める表現の一つで,「だれでも持つことができる」ことを述べているのではなく「これ以上に悪い主人はだれも持つことができない」の意を表している。

したがって〔例 1〕は「人の身に起こりうる最も破壊的で有害なことの一つは～である（～以上に破壊的で有害なことは存在しない)」,〔例 2〕では「見つけうるほぼ最良の例（これ以上に良い例はまず見つけることができない)」という意味を表すことがわかるだろう。

◈**注意**　英語には最上級を強調する表現はいろいろある。possible, imaginable (想像しうる) といった形容詞, on earth, in the world, under the sun のような副詞句, that ever lived, that can happen, that anyone can といった ever や can や any を含む関係詞節など。直訳して不自然な場合は「最上級の強め」であることを念頭において適当に訳してよい。

This is the worst **possible** kind of education.

〔誤〕 これは最悪の可能な種類の教育だ。

→**これはおよそ考えうる**最悪の教育だ（これ以上悪い教育はありえない) / **この世で**こんなに悪い教育はない。

You're the most annoying person **I've ever met**.

〔直訳〕 君は僕が今まで会った一番うるさい人だ。

→お前みたいにうるさいやつは今までに会ったことがない。

127

〔**例**〕 People are liable to confuse leisure with pleasure and pleasure with idleness. They show little discretion in the use of their increasing freedom from work. Often **the best** use the working man can make of his spare time is to spend his money in it.

人々は余暇と楽しみ, 楽しみと怠惰とを混同しがちである。彼らは増加する余暇の利用にほとんど分別を示さない。しばしば働く人が余暇を利用できる**最良の**利用法は，それにお金を使うことである。

▩解説　この英語と訳文をくらべてみて意味のズレがすぐにわかる人は相当に英語が読める人である。

たとえば，同じ「1万円」についても no more than 10,000 yen と no less than 10,000 yen では対照的な表現ニュアンスを持ち，訳文でも「〜しか」と「〜も」の気持をはっきり表すことが大切だ。では次はどうだろう。

All I have is 10,000 yen.

(a)「僕が持っているすべては1万円です」

(b)「僕は全部で1万円も持っている」

(c)「僕の持ち金はたった1万円しかない」

(a) は直訳的。へたな意訳より直訳のほうがましな場合もあるが，この場合は原意がよく伝わらない。具体的に表すとすれば，(b) ではなく (c) である。すなわち上の英文は I have *no more than* 10,000 yen. / I have *only* 10,000 yen. に通じる表現なのである。もう一つ：

The most I can say is this.

(ぼくに言えるのはせいぜいこれだけだ)

これで〔例〕の英文の **the best** *use* the working man can make ... is to 〜 という最上級表現が「働く人が余暇を利用するといってもせいぜい金を使うことぐらいしかできない」といった意味を伝える訳文を要求していることがわかるだろう。

◈参考　次の日本語を表すようにそれぞれ英文を完成するには，空所にどのような語を入れればよいだろうか。

「君は僕のいうとおりにしてりゃそれでいいんだ」

{ (　　) you (　　) to do is to obey me.
{ You (　　) (　　) (　　) obey me.

《答》 All; have / have; only; to

128

〔例〕 Most children do not like to hear stories about when they were younger. Infancy is not a blessed state to them, but something to be grown out of and escaped from as quickly as possible. To them, their littleness, helplessness, and clumsiness is not cute, but humiliating, and they want to be reminded of it as little as possible. (1)They don't mind, once in a while, if we don't overdo it, our telling them that they were very nice when they were little, but that is about **as much** about it **as** they want to hear. (2)Whatever mistakes they have made, in their growing and learning, are **best** forgotten.

たいていの子供は自分が小さかったころの話を聞きたがらない。幼年時代は子供にとっては喜ばしい状態ではなく，そこからできるだけ早く抜け出してのがれるべきものなのである。自分の小さいこと，無力なこと，無器用なことなどは子供たちにとっては，かわいいことではなくて屈辱的なことなので，そんなことはできるだけ思い出したくないのである。(1)たまには誇張しすぎなければ，子供たちに小さいときはとてもかわいかったよと話しても彼らは気にかけない。しかし，それも子供たちが聞きたいと思う**程度**までである。(2)成長の過程や物を覚える過程で彼らがおかしたどんな間違いも，**とてもうまい具合に**彼らは忘れているのである。

■解説　(1) **as much as** ～ は一般の辞書では「～と同じだけ」といった説明が与えられているだけであるが，**much** は ①名詞，②形容詞，③副詞 の三つの品詞で用いられるので，文中においてはその用法が区別されなければならない。

① Save **as much as** you can.

(できるだけ多く貯金しなさい)

② She gave him **as much** money **as** she had.

(彼女は持っているだけの金を彼に与えた)

③ I love you **as much as** he does.

(私は彼に劣らずあなたを愛している)

② では as much ～ as＝all the ～ that に，③ では as much as ～＝no less than ～ に書き換えられるような意味を表している。

ところで，辞書にはふつう書かれていないことであるが，as much as が be 動詞のあとに置かれた場合，(a)「同じこと」(b)「最大限」の意を表すことがある。

(a) That is **as much as** to say that I am a liar.

(それは僕がうそつきだと言うのと同じことだ)

〔＝That is *the same thing as* saying that I am a liar.〕

(b) It is **as much as** I can do to keep out of debt.

(借金しないでいることが私にできる精一杯のことです；私にはせいぜい借金しないでいることしかできない)

〔＝It is the most [that] I can do to keep out of debt. ＝I can do no more than keep out of debt.〕

This is **as much as** I can bear.

(これが私に耐えられる最大限だ；私に我慢できるのはこれが限界だ；これ以上は我慢できない)

したがって，This is **as much as** I want to hear. は「僕はこれ以上はなにも聞きたくない」であり，上の〔例〕の that is about **as much** about it **as** they want to hear も「子供たちがそのことについて聞きたいと思うのはせいぜいその程度なのである」の意であって，肯定的な表現をとりながら「それ以上は一言だって聞きたくない」という否定的な意味をかなり強く表している。この表現を相手に向かって用いれば「くだらん話はもうたくさんだ；これ以上よけいなことを一言でも言えばただではすまさんぞ」といった，強度のいらだちを示すことになる。

解説　(2) **best** も ① 形容詞，② 副詞，③ 名詞の三通りに用いられる。

① A good example is the **best** sermon.

(良い手本は最上の説教である)

② A friend is **best** found in adversity.

(友だちは逆境において最もよく見出される)

③ This is the **best** I can do.

([これが私にできる最善→] これ以上は僕にはできない)

◎さて〔例〕で用いられている best はもちろん副詞用法であり，受動態である点も ② と同じであるが，これは forget を修飾して「最もうまく忘れられる」という意味を表しているのではなく，文修飾副詞的に「～するのがいちばんいい」の意で用いられる例である。すなわち

These things are **best** forgotten.

＝These things **had best** be forgotten.

(そんなことは忘れてしまうのがいちばんだ)

であって，子供にとって，自分の幼い頃の過ちや失敗をいちいち俎上(そじょう)にのせられるのはいやなことであるから，どんな過ちであれ忘れてしまってそれに触れないのがいちばんだ，という趣旨を述べている。

◈**参考**　以上の説明から，次のような推理小説の翻訳も，訳文だけ読めばもっともらしいが，原文は別のことを言っていることがわかるだろう。

Something flickered in his face, as if he had just remembered a matter **best** forgotten.

(彼の顔に，すっかり忘れていたことをちょっと思い出したような表情がチラッと浮んだ)

最後の部分は a matter [which was] best forgotten と補いうる構文であるが「忘れてしまうのがいちばんいい或ることを思い出したかのように」が正しい。

◈**注意**　最上級 best に対し，比較級 **better** を用いた表現として，

a matter **better** left unsaid と言えば

「言わないでおいたほうがよいこと」である。

また，原級 **well** を用いた文で次のような場合に注意:

It has been **well** said that haste makes waste.

〔誤〕 急(せ)いては事を仕損じると今までよく言われてきた。

〔正〕 急いては事を仕損じると言われているが，これはまさに至言である。

▶また，as ～ as の形を用いる熟語としては，**as much as, as good as, as well as** があるが，次のような場合を区別しておくこと。

① The matter is **as** (　　) **as** decided.
(その問題は決定したのも同然だ)

② He is kind **as** (　　) **as** sensible.
(彼は分別があるばかりでなく心もやさしい)

③ He smiled at me **as** (　　) **as** to say "Thank you."
(彼は「ありがとう」と言わんばかりに私にほほえみかけた)

それぞれ ① good ② well ③ much が正しい。

129

〔例〕 The wife knows that she is capable, as a woman, of two major experiences: marriage and childbirth. To have had both makes her the equal, in this respect, of any other woman, but to have had only the one may leave her dissatisfied; **more** so, perhaps, **than if** she had neither.

妻は女としてのふたつの大きな経験，すなわち結婚することと出産することができることを知っている。このふたつの経験をしてこそ，かの女はほかの女たちと対等になるのであって，片一方だけでは不満足であり，その両方ともしないのでは大不満足のことだろう。

▩解説 上の英文で than if がかりに if だけであれば訳文のような解釈を余儀なくされるであろう。than if は省略表現の一種で，この文で補えば **than** ***she would be*** [*dissatisfied*] **if** she had neither で，「そのいずれも経験しなかったとした場合［に不満を感じるであろう］よりもたぶん大きな不満を感じるだろう」，すなわち「結婚して子供が生まれないほうが，たぶん，結婚も出産もしない場合よりも大きな不満をいだくことになるだろう」ということを述べている。

◈注意 この than if の省略的比較形式は no more ～ than の構文と結びつくことも多い（次項参照）。例を示しておくが，〔A〕はよく引用される頻出文である。

〔A〕 If you choose your friends on the ground that you are virtuous and want virtuous company, you are **no nearer** to true friendship **than if** you choose them for commercial reasons. (もし自分がりっぱな人間だからりっぱな友人を望むという理由で友人を選ぶならば，損得ずくで友人を選ぶのと同じく真の友情からはほど遠いのである) *no nearer to* true friendship *than* if ... ＝*as far from* true friendship *as* if ...

〔B〕 The man seemed **not** to notice the bustle **any more than if** the silence of a desert had been around him. (その男は砂漠の静けさの中に立っているかのように，周囲の雑踏に気がつかないようにみえた)

130

〔**例**〕 I should tell you that though you have your freedom to go in and out as you like you have **no more** chance of getting away from Thonon **than if** you were chained by the leg in a prison cell.

貴女は出入りも好き勝手にご自由ですが，貴女がトノンから逃げる機会はありません。そんなことをすれば，監房にほうり込まれて，鎖の足枷をはめられるくらいが落ちですよ。

解説　この下線部の英文の正しい解釈は，二つの構文，すなわち，

① no more ～ than という比較構文と，② than if ～ という省略的な条件構文についての理解を前提とする。

① no more A than B は「Aが～でないのは，Bが～でないのと同じである；B（が～でないの）と同じようにAは～でない」の意味関係を表す。

I am **no more** angry **than** you are.

(僕は，君［が腹を立てていないの］と同様に，腹を立てたりはしていない)

② than if ～ は than と if とのあいだに本来置かれるべき要素が省略された形である。

She was much happier **than** [*she would have been* (*happy*)] **if** she had been married to him.

（彼女は［彼と結婚していたら幸せになっていたであろうよりも→］彼と結婚したと（仮定）した場合よりもずっと幸せだった）

◎したがって〔例〕において省略要素を補えば，

you have no more chance of getting away from Thonon **than** [*you would have* (*a chance*)] **if** you were chained ...

ということになり，この下線部は，

「貴女には，監房で足を鎖でつながれているとした場合［に逃げる機会がないの］と同じように，トノンから逃げる機会はありません」

といった意味を述べていることがわかる。

◈**注意**　more ～ than if という比較級表現に相当する原級表現は as ～ as if である。それぞれの例文を一つずつ示しておく。

〔A〕 Mixing your drinks neither makes you **drunken** nor gives you a **worse** time the following day **than if** you had taken the equivalent dosage in some single form of alcohol.

—— Kingsley Amis: *On Drink*

酒をチャンポンに飲むことは，同量のアルコールを混ぜないで飲んだとした場合以上に，あなたをひどく酔わせることもなければ，また翌日ひどい目にあわせることもない。

〔B〕 She seemed just **as** glad to see him **as if** he had been an old friend.

—— Flannery O'Connor: *Wise Blood*

彼女は彼に会って，まるで彼が古い友だちででもあるかのように喜んでいるようにみえた。

◎as if ～ は，than if ～ と同じく，本来は省略表現であり，たとえば〔B〕で省略要素を補えば次のようになる。

She seemed just as glad to see him **as** [*she would have been* (*glad*)] **if** he had been an old friend.

（彼女は彼に会って，もし彼が古い友だちであったとしたならば喜んだであろうと全く同じように喜んでいるようにみえた）

131

〔例〕 The most unnatural thing that Piccadilly could do today would be to look as it used to look. Even if it were transformed into the Piccadilly of twenty years ago, we should be **scarcely less** astonished **than** if we woke up and found ourselves in Tokio or Novgorod.

ピカデリーが今日最も不自然なものを与えることが出来るとしたら，それは従来見なれているように見えることであろう。たとえそれが20年以前のピカデリーに変えられるとしても，私達は，目が覚めて，東京かまたはニジイ・ノブゴロドにいると感ずる位の驚き**しか殆んどいだかない**であろう。

■解説　辻馬車が過去のものとなり，代ってタクシーが走り回る。保守的な英国人ももうこの街の姿に慣れきってしまっている。十年一昔というが，繁華なピカデリー通りに，もし20年前の街頭風景が蘇ったとしたらロンドンっ子は他国の首都に目をさましたのとほとんど同じくらいに驚くことだろう――これがこの文の趣旨である。

◆注意　「否定詞＋less」は直訳するとわかりにくい場合が多いが，この文での直訳的意味関係は「～した場合より驚きの程度が少ないことはほとんどない」となる。すなわち

{ He was **no less** surprised **than** she was.
{ → He was **as much** surprised **as** she was. の関係から

{ We should be **scarcely less** astonished **than** if ～
{ → We should be **almost as** astonished **as** if ～

と考えられる。上の誤訳は we should be *scarcely* **more** astonished than if ... に対するものなのである。

◆参考　入試問題より類例を示す。

What is liberalism? It is not easy to describe, much less to define, for it is **hardly less** a mood than a doctrine.

(自由主義とは何か。それは，定義することはもとより，説明することも容易ではない。なぜなら，それは一つの主義であるのとほとんど同じ程度に一つの風潮でもあるからだ)

132

〔例〕 One of the pleasantest things in the world is going on a journey; but I like to go by myself. Out of doors, nature is company enough for me. I am then **never less** alone **than** when alone.

世の中で一番楽しいことの一つは，旅行に行くことである。しかし私は一人で行くのが好きだ。戸外では自然が十分私の友になってくれる。そういうとき，私は，一人でいるとき**ほどには**さびしくはない。

解説 比較表現においては，比較対象をはっきりさせることがまず第一である。上の訳文では，「そういうとき（＝戸外にいるとき）」と「一人でいるとき」に感じるさびしさが比較されているが，原文の英語は次のような文に対応する。

He is **never more** cross **than** when disturbed in his sleep.

(彼は眠りを妨げられたとき以上に不きげんなことはほかにない→眠りを妨げられたときが一番不きげん)

したがって，上の文は

「戸外では，私は一人でいるときよりも孤独を少ししか感じないことはない→戸外では，一人でいるときに最も孤独を感じない」

という意味を表すことになる。「群衆の中の孤独」という言葉もある。自然を伴侶とするとき，心は孤独を感じない，それも，周囲に人がだれもいないときに最も孤独を感じない――そういうことを述べた文である。

注意 この文は never という否定詞と less が併用されているので，やや文意がつかみにくくなっている。この種の表現は，最も誤りやすいものの一つなので，この際，考え方をはっきりさせておく。

① **No** man is **less** cruel than he.
② He had **never** in his life felt **less** sleepy.
③ I have **never** been **less** pleased with a compliment.
④ I could**n't** care **less**.

① 「彼ほど残酷でないものはいない」と訳せても，ハテ，いったい彼はとても残酷なのか，その反対なのか，戸惑う。そのときは less を more におきかえてみよう。「彼ほど残酷なものはいない」これならはっきりしている。彼はこの上なく残酷なのだ。less の場合はその反対――すなわち彼はこの上なく心優しい人間なのだ。

② 「彼はそのときよりも眠くないことは以前になかった」彼はそのとき全然眠くなどなかったのである。

③ 「私はお世辞を言われてこれよりも嬉しくなかったことはない」私はお世辞を言われてこんな不快な思いをしたことはない，ということである。

④ 「これ以上に気にしないことはできないだろう」そんなことは私は全く気にしない，ということになる。

133

〔例〕 A dictum attributed to **no less** notable an egotist **than** Lord Byron impresses me with its mellifluous wisdom and resolves in only six words what was beginning to seem a dilemma of insuperable moral proportions … "Studious by day," I inform them, "dissolute by night."

バイロン卿に劣らぬエゴイストのものとされている格言，その甘美な知恵がぼくの胸をうち，ぼくには超克不能と思われかかっていた倫理上の調和というジレンマをわずか10字で解決してくれる。…「昼は勤勉に」と吹きこむぼく，「夜は放埒に」

解説 no less ～ than … は「…以下である (less) ということが少しもない (no)」という基本的な意味関係を表し，ふつう「…に劣らず～」と訳される。

だから〔例〕の訳は別に間違っていないようであるが，**no less** a person **than** ～ は，重要（著名）な人物について，「ほかならぬ～；～ほどの重要人物」の意を表す。すなわち，

no less notable an egotist **than** Lord Byron を〔例〕のように，

「バイロン卿に劣らぬエゴイスト」

と訳せば“バイロンとは別の人間”を表すことになる。しかし，この英語は，

「ほかならぬバイロン卿ほどのエゴティスト」

の意で，“バイロン自身”を指す。

◈**参考**　例を二つ示しておく。〔A〕は no less ～ than … のふつうの用法（less のあとは形容詞）で，別の二つのものを比較して「…に劣らず～」の意を表し，as ～ as … で置き換えられる場合。〔B〕は上に説明した用法（less のあとは名詞）である。

〔A〕 Resignation has also its part to play in the conquest of happiness, and it is a part **no less** essential **than** that played by effort. (=it is a part **as** essential **as** that played by effort.)

—— Bertrand Russell: *The Conquest of Happiness*

断念もまた，幸福の獲得において果すべき役割をもっており，それは努力が果す役割に劣らず重要不可欠な役割なのである。

〔B〕 My view that there is no such thing as pornography —— whatever dictionary definition you care to apply —— only good writing and bad is borne out by **no less** an authority **than** Maurice Girodias, founder of Olympia Press.

—— R. H. Lewis: *The Browser's Guide to Erotica*

ポルノ文学（どんな辞書的定義を適用されようと御随意であるが）なるものは存在せず，ただうまい作品とへたな作品があるだけであるという私の持論は，オリンピア社の創立者，モーリス・ジロディアスほどの権威者によって支持されている。

◈**注意**　なお，「エゴイスト」(=**egoist**) はいわゆる「利己主義者」で，もっぱら自分と自分の利益のみを考える人間であるが，〔例〕の下線部中の「エゴティスト」(=**egotist**) は，ふつう「自己中心主義者」と訳されるが，なにかにつけて自分中心になり，自分のことを吹聴したり，自惚れが強かった

り，といったたぐいの人間である。

134

〔例〕 Modern man has made the nation the most important instrument for effecting his purposes. Yet there is another institution of scarcely less moment. The university may not be a power structure, yet power springs from it. In an age in which change, already swift, continues to increase in speed, the university deals with **nothing less than** the dynamics of civilization. The future hangs on what it does and what it continues to be.

現代人は国家を自分の目的を遂行するための最も重要な道具にした。けれどもそれとほぼ同じくらい重要なもう一つの機関がある。大学は権力機関ではないかも知れないが，権力はそれから生まれてくる。変化がその速度を増しつづけている時代に大学は**まったく**文明の原動力**以外の何も**扱ってい**ない**。未来は大学の業績と本質にかかっている。

解説 nothing less than ～ は ① less が形容詞として用いられる場合と ② less が副詞として用いられる場合とがある。

① It is **nothing less than** a miracle.

(それは奇跡以下のものではない→それはまさに奇跡にひとしい)

〔＝nothing short of ～〕

② I desire **nothing less than** power.

(私は権力よりほしくないものはない→私はほかの何よりも権力を望まない)〔＝I desire power least of all things.〕

●したがって，文によっては，文脈により二通りの解釈が可能である。

He expected **nothing less than** death.

① 彼が予想したのは死以下のものではなかった→彼は死はまず当然と予想していた。

② 彼は死よりも予想しなかったものはなかった→彼は他の何よりも死を予想しなかった→彼は死をまったく予想しなかった。

◎〔例〕の文における nothing less than ～ は ① と同じ用法の場合であるが，この表現の基本的な意味は，その対照的な表現である nothing more than ～ との比較において，よく理解されなければならない。

(a) **no less than ～, nothing less than ～** は「多い（重要な，程度が高い）」とみなされるものと比較して，「～以下ではない」すなわち「～に劣らぬ；～ほど重要な；ほかならぬ～」といった方向の意味を強める。

(b) **no more than ～, nothing more than ～** は「多くない（大したものではない）」と考えられるものを対象にして，「～以上ではない」すなわち「たった～；ただ～にすぎない；ほんの～」という意味を強める。

(a) It was **no less** a person **than** the prime minister.
（ほかならぬ首相その人であった）

(b) He is **no[thing] more than** a puppet.
（彼はあやつり人形にすぎない）

◎この考え方を下線部の英文に当てはめてみれば，「大学が扱っているのは文明の力学［という重要なこと］以下のものではない」→「大学はほかならぬ，文明の力学そのものを扱っているのである」というのが正しい解釈であることがわかる。

◆**注意**　下線部の訳に用いられている「～以外の何も…ない」という表現は，英語の nothing but ～ に対応するものであり，これは，no[thing] less than ～ ではなく，no[thing] more than ～ に類する意味関係を表すのがふつうである。

He sought **nothing but** money and power.
（彼は金と権力以外の何も求めなかった→彼が求めたのは金と権力だけだった）〔＝only〕

It is **nothing but** a trick.
（それはごまかし以外の何でもない→それはごまかしにすぎない）
〔＝nothing more than ～〕

◆**参考**　実例を小説から一つ。花形女性弁護士であるジェニファーは，ロレッタ・マーシャルから，電話で，子供の認知訴訟の依頼を受ける。ロレッタは男性関係も多いらしい。いったいどんな女性だろう。ジェニファーは想像をめぐらす。そのロレッタが今，部屋に入ってきた。彼女の容姿は——意外だった。

From the number of Miss Marshall's romantic conquests, Jennifer had expected **nothing less than** a sexy raving beauty. Loretta Marshall was the stereotype of an elementary grade schoolteacher.

—— Sidney Sheldon: *Rage of Angels*

（ミス・マーシャルの情事の数の多さから，ジェニファーは，彼女がセクシーなすばらしい美人以下のものではないと予想した→）ミス・マーシャルの男性遍歴の華やかさから，ジェニファーは，彼女は当然セクシーな悩殺美人であるにちがいないと予想していた。だがロレッタ・マーシャルは，まるで型にはまった小学校女教師といった感じだった。

16　否　　定

135

〔例〕 ... Nor could he truly hate his wife. She maddened him to insanity, but even in the wildest fits of jealousy he could **not** hate her **any more than** he could hate a cat, or a horse, or a tiger cub.

そして自分の妻のことも心から憎むことができなかった。彼女は彼を怒らせて気も狂わんばかりにさせる。だが，めちゃくちゃな嫉妬で身を裂かれんばかりの時でさえ，彼は猫や馬や虎の子などを憎む**以上**に彼女を憎むことはでき**なかった**。

■解説　次の二つの文を比較：

(a) I do**n't** hate her **more than** [I hate] you.

(b) I do**n't** hate her **any more than** [I hate] you.

(a) 私はあなた以上に彼女を憎んではいない。(私はあなたを憎んでいるが，彼女を憎む程度はそれ以上ではない)

(b) 私はあなたと同様彼女を憎んでいない。(私はあなたを憎んでいないが，それと同じく彼女も憎んではいない)

(a) のほうはふつうの比較関係を表しているが，(b) のほうは，any が加わることによって別の意味関係を表すことがわかる。

●not ～ any more than … は no more ～ than … の形をとることもあるが，ある否定陳述を行うのに，別の自明の否定陳述を引き合いに出して述べる形式である。たとえば，

We **cannot** live without air **any more than** the fish can without water.

では，主題は「われわれは空気なしには生きられない」であり，引き合いに出された自明の例が「魚は水なしでは生きられない」である。だから，この関係を表す訳文は，通例次のいずれかの形でまとめられる。

《訳し方A》 われわれが空気なしで生きられないのは，魚が水なしで生きられないのと同じだ。

《訳し方B》 魚は水なしに生きられないように，われわれは空気なしに生きられない。

●したがって，〔例〕の下線部は，

「彼は妻を憎めなかったが，それは彼が猫や馬や虎の子を憎めなかったのと同じだ」

「彼は，猫や馬や虎の子 [を憎めなかったの] と同じく，妻を憎むことができなかった」

という内容を表している。

◈**参考**　この構文がとる三つの代表的な形の例を掲げる。

(1) He could **no more** write without tobacco **than** without air.

—— George Orwell: *Keep the Aspidistra Flying*

彼は，空気 [がなければ書けないの] と同じように，タバコがなければものが書けなかった。

(2) I do**n't** want you to keep me **any more than** you do, Colonel Manton, so I tell you what.

—— Kingsley Amis: *The Riverside Villas Murder*

私だって，あなた［が望まないの］と同じように，いつまでも引き止められるのはごめんですよ，マントン大佐。だからありのままを話します。

(3) There is **no** one single argument for democracy, **any more than** there is one single form of government that should be reckoned a democracy.

—— J. R. Lucas: *Democracy and Participation*

民主主義を擁護する唯一の議論というものが存在しないのは，民主政体と考えられるべき唯一の政治形態が存在しないのと同じである。

136

〔例〕 It is **not every** one that wears a human form, that can claim to be a man, in the full sense of that term. Many live and move among us, who are destitute of the chief elements of a manly character.

人間という言葉の完全な意味に於いて，人間だと主張できるものは，**必ずしも**人間の外形をしているもの**とは限らない**。われわれの間には，人間らしい人格の主要素に欠けている人がおおぜい生活し，動いている。

■解説　「必ずしも～とは限らない」という表現は not everyone が表す部分否定の関係を忠実に訳出している。しかし，この日本語が伝える意味は「人間の外形をしていないもののなかにも人間だと主張することができるものがいる」といったものになってしまうだろう。明らかにこれは原文の言わんとする趣旨「人間の姿をしているものがすべて，完全な意味での人間の資格を備えているわけではない」とは一致しない。

◆注意　この英文は部分否定と強調構文が結び付いた形式で，両者の訳し方の定石をそのまま組み合わせて，かえってヘンな日本語になってしまった例である。たとえば，

It is *not all* books *that* interest or profit us.

も，えたりとばかり，

「われわれに興味を与え，われわれを益するのがかならずしもすべて本であるとはかぎらない」

などと訳して，得意になっていては心許ない。やはりこのような場合は，原意がよく伝わるように

「本であればどんなものでも，面白くてためになるとはかぎらない」

といった具合にまとめよう。

上の英文の筆法を借りれば，部分否定は「かならずしもすべてが～とは限らない」と訳せばそれだけですべてが正しい訳文になるとはかぎらない，という戒め。

137

〔例〕 'It was really a stroke of extraordinary luck that we discovered it at this stage.'

'Luck, you call it, luck,' I said, **unable not** to speak. 'Luck, is it ?' It has never ceased to amaze me that they showed, at this stage, so little professional sympathy; I see now, and suspected then that his only emotion was professional curiosity. She was an odd case, my baby, a freak.

「この段階で発見できたのは，ほんとうに珍しい幸運だったのです」

「幸運ですって，幸運だとおっしゃるのですか」**わたしは口がきけなかった。**「幸運，なのですか」こんなことになっても，医師というものがこれほど冷淡でいられるということに，わたしはいまだに驚かずにはいられない。その時にも，うすうす感じたのだが，今の私には，彼が職業的好奇心しか感じていなかったのがよくわかる。娘は，わが子は珍しい症例だったのだ，奇病だったのだ。

▩**解説**　生まれて半年そこそこの娘が，素人の目には特に症状も認められないのに，診察の結果，かなりの危険を伴いそうな手術が必要であることを告げ

られ，不安にすくんでしまう母親が文中の「わたし」である。

'unable not to speak' は，否定の意を表す接頭辞 'un-' と否定詞 'not' を併用した，いわゆる二重否定の一形式であって「話さないでいることができないで」の意で，「マイナス＋マイナス→プラス」ということになり，「口がきけなかった」のではなく「やむにやまれず口をきいた」のである。

◈**注意**　二重否定の二つの否定要素は次のようなものである。

① **No** one is so old **but** he may learn. (but=that ～ *not*)

(学べないほど年をとっている者はいない［どんなに年をとっていても学べる；八十の手習い］)

② He **never** talks **without** boasting.

(彼は自慢しないで話をすることがない［彼は口を開けば自慢話だ］)

③ This is something that **no** one **fails** to see.

(これはわからない人がいないことがらです［これはだれにもわかることです］)

④ He is **not above** asking questions.

(彼は自尊心が強くて質問をしないということはない［彼は人に物を尋ねることを恥としない］)

⑤ **Nothing** is cause**less**.

(原因のないものはない［すべて物事には原因がある］)

〔例〕の中の It has **never ceased** to amaze me (私を驚かさないようになったことがない→今までずっと私を驚かせてきた) も ③ に類した二重否定である。

◈**注意**　次のような否定関係を区別する。

(a) **No** human being could love such a man.
(b) **No** human being could **not** love such a man.

(a) いかなる人もこんな人間を愛することはできないだろう。
(b) いかなる人もこのような人間を愛さないでおれないだろう。

138

〔例〕 No matter what I was really, no matter what I really meant, uncritical love was what I needed —— and my Helga was the angel who gave it to me.

Copiously.

No young person on earth is so excellent in all respects as to need no uncritical love.

私の正体が何だろうと，わたしの本心がどこにあろうと，わたしに必要なのは無批判の愛だった――そしてわたしのヘルガはそれを与えてくれる天使だった。

たっぷりとだ。

無批判の愛をそれ以上必要としないという点において，わたしはこの世のありとあらゆる若い人々をしのいでいた。

▨解説　この訳文は「私はもう無批判の愛を十二分に与えられている。だからこれ以上無批判の愛は必要としない。私ほどそういう愛を必要としない若者は他にいないだろう」といった内容を述べている。しかし英文は，「私」と「他の若者」とをくらべる『比較』の意味は含まれていない。簡単な例で考えてみよう。

No man is **so** wise **as to** need no advice from others.

（他人の忠告を必要としないほど賢明な人はいない→どんなに賢明な人でも他人の助言を必要とする）

これから類推してもわかるように，〔例〕の英文の直訳は，

「無批判的な愛を必要としないほどすべての点ですぐれている若者はこの世に存在しない」

のようなものになる。どんな若者にも欠点はある。その欠点をいちいちあげつらわずに愛してくれる人がほしい。「この世のどんな若者でも，完全無欠ではないので，だれでも無批判的な愛を必要としている」というのが裏返しの意味である。

◆注意　No ～ so ～ as to ～ に類した「程度」を表す構文としては No ～ too ～ to ～ / No ～ so ～ but ～ がある。

No man is **too** old **to** learn.

=**No** man is **so** old **but** he may learn.

（学ぶことができないほど年をとっている人はいない／どんなに年をとっていても学ぶことはできる／学ぶに遅すぎることなし／八十の手習い）

この but は that ～ not の意味を表す。

No man is **so** foolish **but** may give another good counsel sometimes.

（ときどき人によい忠告を与えられないほど愚かな人間はいない／どんな愚かな人でもときには他人によい忠告を与えることがある）

139

〔例〕 The Negro principal has arrived at the summit of his career; rarely indeed can he go any higher. He has his pension to look forward to, and he consoles himself, meanwhile, with his status among the "better class of Negroes." This class includes **few, if any,** of his students and **by no means all** of his teachers. The teachers, as long as they remain in his school system, and they certainly do not have much choice, can only aspire to become the principal one day.

黒人の校長は，その職業における頂点に達したのである，事実上，めったにそれ以上にはなれない。彼は年金がつくのを待ち望み，それまでは自分の「黒人の上流階級」における地位で自らを慰めている。この階級にはわずかばかりの生徒が含まれることがあるが，教師たちが含まれることはまったくない。教師たちは，このような学校制度の中にあって，明らかに選ぶべき道があまりなければ，いつか校長になりたいと願うだけである。

解説　アメリカの有名な黒人作家の文。南部の黒人差別社会における教育の実状について述べている。差別の現状維持を望む，白人専横の社会において，黒人の先生も，無力・無気力になってしまう。黒人には他に知的職業は開かれていないので，彼らにとっては出世の限界的頂点である校長になることが，いだきうる唯一の望みとなる。その結果，本来教育に注がれるべきエネルギーが，熾烈で無意味な競争に費されることになる。生徒もこれを知っている。その生徒は，どんなに勉強しても，この社会では，なれるのはせいぜいエレベーターボーイだ。勉強なんてくそくらえ，だ。やけになり，怨念が生涯つきまとい，堕落と破滅をもたらす。——こんな文脈である。

◎下線部の few, if any は「かりにあったとしても，ほとんどない」「まずめったにない」の意を表し，if any によって few が含む否定の意味を強める表現である。seldom, if ever (かりにあるとしても，めったにない／まずめったに～しない) などと同種の強意否定形式である。次の例文も参照されたい。

Few people, **if any**, could have imagined the extent of the response.

—— *Newsweek*

[アルゼンチンによるフォークランド諸島 (the Falklands) 占領に対してイギリスが] どれほどの反応を示すかを想像することができたものは，まずほとんどいなかっただろう。

また，by no means all ～ は not all (すべてが～であるわけではない) などと同じく，by no means (決して～ない) という否定表現と all とが結びついた部分否定であるから「全部が～であるわけでは決してない」の意を表す。

◎したがって下線部の正しい訳は次のようなものである。

「この階級には，自分の学校の生徒が含まれることはまずほとんどないし，また，すべての先生が含まれるわけでも決してない」

◈**注意**　部分否定は，all や every, always のほか，altogether, necessarily, entirely, wholly などを用いることもある。

Your choice of words is **not wholly** accidental.

(あなたがたが用いる言葉の選択は，全く偶然に行われるわけではありません)

He is **not entirely** without money.

(彼は全く無一文であるわけではない)

He nodded genially, **not altogether** displeased by the man's curiosity.

—— Bernard Malamud: *Dubin's Lives*

彼は，その男の好奇心にまったく不愉快な気持をいだいたわけでもなく，愛想よくうなずいた。

▶〔例〕の訳文のうち，下線部に続く部分で and they **certainly** do not have much choice の certainly が「明らかに」と訳されていて，これでは原文とかなりかけ離れた意味を表すことになるが，certainly は indeed や

to be sure, あるいは it is true などとともに「確かに～だが」の意を表す重要な副詞なので，例えば次のように訂正しなければならない。

「教師たちは，このような学校制度の中にとどまるかぎりは――そして確かに彼らはたいていそうするしかないのだが――いつか自分も校長になることを望むのが関の山なのである」

140

〔**例**〕 When James arrived, he was carrying the baby's cradle tucked under one arm, and a bottle of champagne. He stood in the doorway and put the cradle down, and looked at Jane lying there, and said, embarrassed, incapable of the moment and the gesture he had selected, and yet looking at her nevertheless, making the effort to look at her, **and not, as** usual, averting his eyes as he spoke――

"I brought you a present. To drink your health, if you like."

ジェイムズが部屋に入って来た時，彼は片腕にゆりかごを抱え，もう一方の手にはシャンペンの瓶を持っていた。彼は入口のところで，ゆりかごをおろし，なかに寝ているジェインを見た。彼はタイミングを失って自分のしようとしていた身振りがうまくできなくてどぎまぎしていたが，それでも彼女を見つめ，彼女から目をそらさないようにし，例によってじっと彼女の顔を見つめながらしゃべった。

「贈り物を持ってきたんだ。よかったらお祝いに飲もう」

解説　夫に置き去りにされたジェインは，雪の夜，自分のアパートで子供を生む。とりあえず，いとこのルーシー (Lucy) が夫ジェイムズとかけつける。ルーシーが先に入ってジェインと言葉をかわし，ジェイムズは車からゆりかごなどお祝いの品をおろしてあとから入ってくる。ジェイムズは相手に脅えを感じさせるようないかつい外貌に似合わず，信じられないほどすなおでおとなしい。だから，ふだん女性と話すときも，相手を直視せず，目をそらしがちなのだろう。

下線部の意味内容は「ふだんは目をそらすのだが，今は目をそらさないで，話した」である。

◈**注意**　not ～ as … はそのまま訳せば「…のように～ない」となるが，この日本語は場合によってはあいまいさを生むことがある。〔例〕の文も，

「いつものように目をそらさないで話した」

と訳せば，「いつもは目をそらす」のか「いつもは目をそらさない」のかはっきりしない。そのような場合には，

「いつもとはちがって，目をそらさないで話した」

「いつものように目をそらすことはしないで話した」

「いつもは目をそらすのだが，今はそうしないで話した」

といったような形式を用いて，あいまいさを残さないようにするのが望ましい。

▶〔例〕の下線部で not が次の位置をとったときには意味は逆転する：

……, and, **as** usual, **not** averting his eyes as he spoke

これならば，「いつもと同じように，目をそらさないで話した」すなわち「いつもは目をそらさない」のである。

▶次のような場合も否定関係を間違えないように。

(a) He is **not, as** he declared, a genius.

(b) He is, **as** he declared, **not** a genius.

(a) (b) ともに「彼は，自分で言っているように，天才ではない」と訳されることが多いが，これでは彼が「自分は天才だ」と言っているのか「自分は天才ではない」と言っているのか，明確ではない。両文の具体的な意味は：

(a)「彼は天才だと自称しているが，天才ではない」

(b)「彼は自分で天才でないと言っているが，そのとおり天才ではない」

(上の日本語はふつうこの意を表す)

この関係は，次のような場合を考え合わせると，さらによく理解できるだろう。

The aim of science is to foresee, and **not, as** has been understood, to understand.

（科学の目的は予見することであって，よく考えられているように，理解することではない）

The chance to do as one pleases is **not** liberty, **as** so many people imagine.

（自分の好きなようにすることができる状態は，多くの人々はそれが自由だと考えているが，実はそうではない）

《注》 これを「多くの人が想像しているように，自由ではない」とすれば，「多くの人々はそれが自由ではないと考えている」の意にとられるおそれがある。

141

〔例〕 We live in a time of such rapid change and growth of knowledge that **only** he who is in a fundamental sense a scholar —— that is, a person who continues to learn and inquire —— can hope to keep pace, **let alone** play the role of guide. We have created for ourselves a manner of living in America in which a little learning can no longer serve our needs.

われわれは知識が非常に急速に変化・発達する時代に生きているので，本質的な意味において学者である人——すなわち，絶えず学び探求してゆく人——**のみが**，指導者の役割を演ずること**はもとより**，時代の流れに遅れずについてゆく希望を持つことができる。われわれはアメリカに，生半可な学問はもはや必要に役立たないような生活様式を，みずから作り出してしまったのである。

解説 一読してこの訳文の誤りを指摘し，その理由を述べることができる人は，国語力・文法力・思考力などの融合体としての英語力が，免許皆伝の域に達していると自信を持ってよい。カギは only と let alone である。

let alone はもちろん「～はもとより；～はいうまでもなく」の意を表す。ただし，注意すべきは，前文が肯定内容であるか否定内容であるかによって，前者ならば still *more*（～はもちろん…である〔肯定〕）に，後者ならば still *less*（～はもちろん…でない〔否定〕）に置きかえられるということである。

① He **can** speak German, **let alone** (=still *more*) English.

② He **can't** speak English, **let alone** (=still *less*) German.

①「彼は，英語はもとより，ドイツ語も話せる」

②「彼は，ドイツ語はもとより，英語も話せない」

① と ② では，「英語」と「ドイツ語」の順が逆になっていることに注意しておこう。ことわるまでもなく，この場合，発話者たちにとって，英語を話すほうがドイツ語を話すよりも容易である，ということが前提となっている。さて，それでは，次の let alone は ①② のどちらだろうか。

③ Only a heartless man can desert his wife, **let alone** kill her.

一見すれば，この英文は肯定文を受ける let alone で，① (=still more) に該当するように思われる，とすれば訳文はこうなる。

「冷酷な人間のみが，妻を殺すことはもとより，妻を見捨てることができる」

前述のように，この訳文では，妻を「殺す」ことは「見捨てる」ことよりも容易である，という前提に立つことになる。明らかにこれは一般通念に反する。こんなヘンな訳文を生み出させた犯人は only である。only は肯定詞の姿を装いながら，実は否定詞の働きをする曲者。すなわち，③ は次のつもりで，否定的に訳をまとめること。

③′ **None** but a heartless man can desert his wife, **let alone** (=still *less*) kill her.

③″ Unless a man is heartless, he can**not** desert his wife, **let alone** (=still *less*) kill her.

（冷酷な人間でなければ，妻を殺すことはもとより，妻を見捨てることなどできない）

したがって〔例〕の訳は「真の学者でなければ，指導者の役割を演じること［を望めないの］はもとより，時代の流れについてゆくことも望めない」といった形式でまとめなければならないことがわかる。

◈**注意**　only が hardly や little などと同じく否定詞として用いられ，訳文も否定形式しか成り立たない場合の例を考えてみたが，一般に only が否定的意味を表すことは，次のような書換えの頻出形式によっても明らかである。

{ He was wearing **only** his pyjamas.
{ He was wearing **nothing** *but* his pyjamas.

(着ていたのはパジャマだけ＝パジャマしか着ていなかった)

{ She realized it **only** *after* he told her.
{ She did **not** realize it *until* he told her.

(彼に教えられてはじめて知った＝彼に教えられるまで知らなかった)

これらの文のように，「〜だけ」という肯定的訳と「〜しかない」という否定的訳の，いずれもが可である場合も多いが，次のような場合は，否定的に訳さなければならない。

Only *a few* people attended the meeting.

(出席者はほんのわずかしかいなかった)

◈**注意**　only に続く付加疑問は only が否定の意味を強く表す場合には，hardly, little などの場合と同じく肯定形をとる。

{ ①　You **only** saw one, **did** you ?
{ ②　You **only** saw one, **didn't** you ?

①「一つしか見なかったんだね」

②「一つだけ見たんだね」

◈**参考**　肯定・否定の場合にかぎらず，「表裏」の意味関係を考えて「裏から訳す」ことも，英文和訳の際の大切な工夫の一つである。

Remember this. (おぼえておけ→忘れるなよ)

Her chief concern was *keeping* herself *thin.*

(彼女の最大の関心事はやせたままでいることだった→…肥らないようにすることであった)

For some reason he remained silent.

(何かの理由で彼はだまっていた→なぜかよくわからないが…)

◈**参考**　ふつうの参考書などでは教えてくれないことであるが，文法的解釈力の養成に大切なことなので，ここで，もう一度 only 〜 let alone にもどり，力だめしをしておこう。やはり入試に出題された文であるが，正しく理解できた受験生はほとんどいなかったはずである。

「現代の知識の分野は広大で，社会に出て役に立つ知識を身につけるためには，大学での研究は専門化せざるをえない現状にあるが，専門化の必要が大きければ大きいほど，広い一般教養の基礎が必要である」という文に続くもの。

Only with the experience of different subjects can anyone make an intelligent choice of specialization in the first place, **let alone** be able to see his subjects in any kind of perspective.

〔誤〕いろいろな分野の学問を経験してのみ，広い視野に立って自分の専門分野を見ることができることはもとより，第一に自分の専門を賢明に選択できる。

〔正〕いろいろな分野の学問を経験しなければ，広い視野に立って自分の専門分野を見ることができないのはいうまでもなく，そもそも何を専門に研究するかを賢明に選ぶことさえもできない。（または「…を経験しなければ…を選択することはできず，ましてや…を見ることはできない」の形式でもよい）

17 挿　　入

142

〔例〕'Paula, must you read at the table ?' said Mary.

Paula Biranne, the twin's mother, was still absorbed in her book. She left the disciplining of her children, with whom she seemed at such moments to be coeval, entirely to Mary. Paula had been divorced from Richard Biranne for over two years. Mary herself was a widow of many years' standing.

「ポーラ，あなた食卓でしか読書できないの？」とメアリーが言った。

ポーラ・ビランは双子の母親で，そう言われても夢中になって本を読んでいた。彼女は子供たちのしつけを放棄していた。そんな時，彼女は子供たちと同じ世代のように見えた。殊にメアリーにはそう思われた。ポーラは二年余り前にリチャード・ビランから離婚された女であった。メアリー自身も，もう久しい間未亡人であった。

解説　訳文では entirely to Mary を関係詞節の一要素と解し，seem を修飾する副詞句として訳されているが，この関係詞節は挿入節であって，entirely to Mary は主節の一部として，her children に続けて読まなければならない。すなわち leave ～ to …「～を…にまかせる」の形式で，直訳すれば次のようになる。

「彼女は息子たち――このような時には彼女は彼らと同年代のようにみえたのだが――のしつけをすっかりメアリーにまかせていた」

◆注意　英語には挿入表現が多いが，これに用いられる句読点はコンマ (Comma) [,]，ダッシュ (Dash) [――]，かっこ (Parentheses) [(　)] の三つである。挿入要素自体が挿入句を含む場合もあり，その場合，句読点は次のような幾通りかの組合わせが可能である。

(a) He had, I was (by then) quite sure, become utterly desperate.
(b) He had (I was, by then, quite sure) become utterly desperate.
(c) He had, I was ―― by then ―― quite sure, become utterly desperate.

これを直訳すれば，

「彼は――私には (そのときまでに) はっきりわかっていた――すっかり絶望していた」

のようになるが，日本語では，コンマはともかく，ダッシュやかっこの使用はなるべく避けようとする傾向があるので，この種の挿入は次の程度に訳しておいてもよい。

「私には，そのときまでに，はっきりわかっていたことだが，彼はすっかり絶望していた」

143

〔例〕 Drowning is not so pitiful
As the attempt to rise.

Three times, **'tis said**, a sinking man
Comes up to face the skies,
And then declines forever
To that abhorred abode,
Where hope and he part company——
For he is grasped of God.

溺れるということはそれほど憐れではない,
浮かぼうとする試みに較べれば。
三度だった，溺れる男**が言った**
空に向かって浮かび上がったのは，と。
それから永遠にあのいやらしい
人間の棲家をおさらばしたのだ,
そこで希望と彼とは別れる,
というのは彼は神のものとなる。

▨**解説**　it is は it's[its] とも 'tis[tiz] とも縮約される。'tis said は it is said であり，挿入要素である。だから，これを文頭に出した形の散文にしてみれば,

It is said that a sinking man comes up to face the skies three times ...
（溺れかかっている人は三度水面に浮かび上がってきて空を見る…**と言われている**）

ということになる。「男が～と言った」のではない。

◈**注意**　「…と言われている」ことの内容は，下線部だけではなく，その後の文も含まれる。なお，訳文で,

それから永遠にあのいやらしい
人間の棲家をおさらばしたのだ

となっている部分の decline (to ～) はここでは sink (to ～) と同じで,「～まで沈んでしまう」のである。念のため下線部とそれに続く二行を忠実に訳しておく。

溺れるものは，三たび,
空を見ようと浮かび上がる，と言われている

それから永遠に沈んでしまう
あのいまわしい住家に

144

〔例〕 "Won't you really come, then ?" said Dick.

"No, I really won't. I've got some work to do this evening."

"Seen Mike lately?" said Dick quickly, who was always afraid, **quite without precedent or reason,** that I was about to lecture him on the Elizabethan sonnet sequences.

"Not for weeks," I said.

「じゃあ，ほんとうに行かないのかい？」とディックが言った。

「ええ，ほんとうに行かないわ。今夜はすこしやることがあるの」

「さいきんマイクに会ったかい？」急にディックが言った。彼ときたらいつでもおどおどしていて，**何のつながりもなければ理由も言わずに**こんな風に切り出すものだから，エリザベス朝のソネットの起承転結について講義でもしてやりたい気がした。

「何週間も会ってないわ」わたしは言った。

▩**解説**　独りでマンション暮らしをしているインテリで女流文学者でもある「わたし」が，ふらりと立ち寄った友人である男女の二人連れに，フェリーニの映画へ誘われるところ。

下線部のコンマで区切られた quite without precedent or reason は挿入要素。したがって，次の that は当然 who was always afraid *that* ... (いつも…ではないかと恐れていた) と続けて解釈すべきである。

訳文では afraid で切り，that は「結果」を表す so that のように解しているようであるが，正しくは次のようなことを述べている：

「彼ときたら，先例も理由もないのに，私がエリザベス朝のソネットについて彼に講義でもやりだすのではないかと，いつも恐れていた」

◆**参考**　自分の専門分野のことを話すことを，英語では talk shop という。たいていは相手もしくは一座のひんしゅくを買うことになるが，常習者に対しては機先を制するのも一つの手である。〔例〕の「わたし」は文学の専門家であるが，相手かまわず talk shop するような不粋で独りよがりな女性ではない。にもかかわらず，ディックは，話が途切れれば彼女に文学論を一くさり拝聴させられるのではないかという恐れをいだいていて，映画からすばやく友人の消息に話題を転じたのであろう。

18 省略表現

145

〔例〕 People have read poetry or listened to it or recited it because they liked it, because it gave them enjoyment. But this is not the whole answer. Poetry has been regarded as important, not simply as one of alternative forms of amusement, as one man might choose skating, **another chess**, and **another poetry**. Rather, it has been regarded as something central to each man's existence, something which he is better off for having and which he is spiritually poor without.

人々は詩が気に入ったから，喜びを与えてくれるから，詩を読み，耳を傾け，吟唱したのだ。しかしこれが答のすべてではない。詩は，ただ単に二つある娯楽のうちの一つとしてとか，スケートをしようとか，**チェスをもう一勝負**するとか，**詩をもう一つ**読もうとかといったぐあいではなく，大切なものなのだと考えられて来ている。むしろ詩は，一人一人の人間の生活の中心をなすもの，それがあるゆえに自分の生活がより豊かになるもの，それなかりせば精神的貧困となるもの，と考えられて来ているのである。

▩**解説**　another は one と相関的に用いられ，それが修飾する名詞およびそれ以外の重複要素は省略されることが多い。

It is **one** thing to know and [*it is*] **another** [*thing*] to teach.

(知ることと教えることは別のことだ)

〔例〕の下線部の another はそれぞれ chess, poetry を修飾する形容詞と解して訳されているが，これは,

... another [*man might choose*] chess, and another [*man might choose*] poetry.

の省略された形なのである。すなわち，下線部は,

「ある人はスケートを，別の人はチェスを，また別の人は詩を選ぶ，といったぐあいに，人が好みによって選択しうるいろいろな娯楽の一つとしてではなく」

といったことを述べているのである。

◆**注意**　chess も poetry も不可算名詞であって，数を表す語を修飾語とすることはない。〔例〕の訳文の「チェスをもう一勝負する」「詩をもう一つ読む」に対応する英語は,

play another **game** of chess / read another **poem**

のようなものでなければならない。poetry は集合的に「詩」を表す不可算語であるが，poem は個々の「詩」を表す可算語。(なお verse は「韻文」で prose「散文」に対し，いずれも不可算語) 同様に「彼は小説を 3 冊読む」は

He reads three **fictions**. ではなく

He reads three **novels**. である。

cf. Fact is stranger than **fiction**.

(事実は小説より奇なり)

146

〔例〕 'Was she all right?' asked my wife when I carried my whisky into our bedroom. She popped one of her red sleeping-pills into her mouth and gulped water.

'**Asleep**, anyway. Have you seen the Belreposes ?'

'Here. Three sounds rather a lot, doesn't it ? With you drinking as well, I mean. I suppose Jack knows all about it.'

'They're not barbiturates.'

I chased the white tablets down with whisky.

「彼女は大丈夫でした？」わたしがウィスキーを持って寝室に入ると，妻はそう言って訊いた。妻は赤い睡眠薬を1錠口に放りこむと，水で飲んだ。

「とにかく眠ることだわ。あなたのは？」

「ここにあるよ。だけど3錠なんてちょっと大げさじゃないか？ お前だって同じように飲むんだものな。ジャックだってわかっていそうなもんだよ」

「バルビツル酸塩じゃないからでしょう」

わたしは白い錠剤をウィスキーで飲みこんだ。

▨**解説**　家族の突然の死という不幸が起こった夜，私が娘の部屋に寄って娘に異常のないことを確かめたのち，ウィスキーを手にして夫婦の寝室にもどってきたところ，娘のことを懸念していた妻が私に尋ねたのが，最初の文である。なお，二人は，友人でもある医師ジャックから，睡眠薬を，妻は強いのを1錠，私は別のを3錠，就寝前に飲むように指示されていた。

さて，問題は '*Asleep*, anyway.' という省略表現であるが，省略要素を補って完全な文にするとどうなるだろうか。まず，主語は？　この訳文ではyou が考えられているようであるが，これは当然，"Was *she* all right ?" と妻が娘について尋ねたのに対して "*She was* asleep, anyway." ([異常ないかどうかはなんとも言えないが] とにかく娘は眠っていた) と，私が答えたと考えなければ会話が成り立たない。〔例〕の訳文では，省略表現の解釈を間違えたために，発話者までも逆になってしまっているが，原文に従えば次のようなものでなければならない。

「眠っていたよ，とにかく。僕の薬見なかった？」

「ほらここよ。3錠って，多過ぎるんじゃない？ あなた，お酒も飲んでいらっしゃるもの。ジャックにはわかっているんでしょうね」

「バルビツールじゃないからね」

147

〔例〕 We'd literally starve. Dognose we've little enough to eat as it is. We've managed to achieve a sort of stasis, thanks to my department and similar government departments all over the world, but that can't last much longer, **not** the way things are going.

われわれは文字通り餓死するにきまっている。今だって食べるのに事欠く有様なんだ。それでも，われわれは苦心したあげく，どうやら静止の状態を維持してはいる。これも，ぼくの勤めている省や全世界の同じような機能を果している各国の省のおかげなんだ。だが，この状態もそう長くは持ちこたえられまい。とすれば，現行のやり方ですら**もう駄目だ**ということさ。

解説 既出の同じ語句は繰り返し用いないで省略することが多いが，否定詞 not も，よく省略形式で用いられる。

Will he come ?——I'm afraid **not.**

(彼は来るだろうか——来ないんじゃないか)

〔=I'm afraid *that he will* **not** *come.*〕

上の下線部の not も同じで，これは *that can***not** *last much longer* the way things are going のイタリックの部分を補って解さなければならない。つまりこの部分は「今のような状況では長くはもたないだろう」ということを述べているのである。

●下線部の the way は『様態』を表す接続詞で，as と同じように用いられる。

The way (=As) things are at present, it's difficult to make both ends meet.

(現在のような状態では，赤字を出さないでやりくりするのもむずかしい)

Terribly sorry I am for him, suffering **the way** he does.

—— Agatha Christie: *Curtain*

あの方，あんなふうに苦しんでおいでで，ほんとうにお気の毒ですわ。

◈**参考**　省略的な not の例を二種示しておく：

① "It isn't easy to understand," Yvonne admitted.

"No, **not** for anyone," he said, "you have to work at it."

—— Arthur Hailey: *Strong Medicine*

「この本むずかしくってなかなか理解できないわ」とイヴォンヌは正直に言った。

「そう，だれが読んでもそうなんだ」と彼は答えた。「努力が必要だよ」

◉これはもちろん No, *it is* **not** *easy to understand* for anyone. を省略した形である。したがって，"No, not ..." だからといって，「いや，そうではない」のようにうっかり訳してしまってはならない。

② I'm sure you're going to cheer up again one of these days. You're bound to. You can't **not**.

—— Margaret Drabble: *The Middle Ground*

そのうちきっとまた元気になるわよ。かならずそうなるわ。あなたはそうならないわけにはいかないのよ。

◉これは You can't **not** *cheer up again* ... (…あなたはまた元気を出さないでいることができない…) の省略形である。

◉この文は，can't という否定のあとにまた not が続くという形をとっていることにも注意する。次のような例も同じである。

My parents want me to go and they are so sweet to me I really **can't not** go.

—— Kingsley Amis: *Jake's Thing*

両親が私が行くように望んでいて，それに私にはとても優しくしてくれるので，私どうしても行かないわけにはいかないのです。

◈**注意**　〔例〕の英文中の **Dognose** は，God の g と d を入れかえ，knows を同音語の nose で置きかえて一語に結び付けてつくられた，God knows の"もじり言葉"である。もとの **God knows** は，Heaven knows や Lord knows などとも言い，(1)「(神がご存知だ→) 確かに～，絶対確かなことだが～」 (2) (疑問詞を伴い)「(神のみぞ知る→) ～はだれも知らない」の意を表す。この文では (1) の意味で用いられている。それぞれの例:

(1) **God knows** the Federal Government has done enough damage to the South.

—— Carson McCullers: *Clock without Hands*

まったく連邦政府はいいかげん南部に損害を与えてくれたんだからな。

(2) **God knows** what that remark means, I don't. I never did.

—— Doris Lessing: *The Golden Notebook*

いったいその言葉はどういう意味なのかしら。私にはわからない。ずっとわからなかったわ。

19 イディオム

148

〔例〕 And anyhow you ran out of the room to cry or **throw up** or something.

それにあなたはすぐに部屋をとび出して泣くか**ものを放り投げる**かしてたでしょう。

解説 throw up は vomit の意で, パーティの座をはずして部屋を出ていったのは, ひとりで泣くためか, 酔いのために「もどす」か, そんなことをするためだったのだろう。

◆参考 例を一つ示しておく。

She ... she does **throw up** a lot. Once she starts, ... there's practically no stopping her.

—— Edward Albee: *Who's Afraid of Virginia Woolf?*

彼女は，そう，しょっちゅうゲーゲーやるんです。いちど始まったら，もうとめようがなくって。

149

〔例〕 I phoned Madeleine but she **hung up on** me; Gersbach, but he was out of his office.

マドリンへ電話してみたが，受話器がはずしてあった。ガーズバッハ家では，局に出勤しているとの返事。

解説 「私」は大学教授で，Madeleine はその妻。彼女は夫を嫌い，別れて暮らしている。Gersbach は「私」の友人であるが，彼女とは愛人の関係にある。

このような文脈で，彼女が私との接触を避けて電話の「受話器をはずしておいた」というのはきわめて当然なこととして，翻訳では何の疑問も生じないが，hung up on ～ という英語は全く別の意味を表す。hung up は電話を「切る」，on me は「私に対して」で，彼女は電話に出ることは出たが，私の声を聞いて，話も終わらないうちに一方的に電話を切ってしまったことを述べている。

注意 後半の訳文も，こじつけで，正しくない。原文は，「ガースバックにも電話したが，彼は局にいなかった」ことを述べている。「局に出勤している」ならば，

He was out at his office.

のような英語になる。次を比較:

(a) He was out of the garden.
(b) He was out in the garden.

(a) 彼は庭の外にいた。
(b) 彼は庭に出ていた。

参考 hung up on ～ の実例を示しておく。

"I'm sorry. I have a date, Mr. Temple."
"When are you free?"

"I'm a hard-working girl. I don't go out much. But thank you for asking me."

And the line went dead. The bitch had **hung up on** him —— a fucking bit player had **hung up on** Toby Temple!

—— Sidney Sheldon: *A Stranger in the Mirror*

「あいにくですが，私，デートがありますの，テンプルさん」

「いつなら空いているのかね」

「貧乏ひまなしで，あまり外出もしませんの。でも誘ってくださったこと，感謝しますわ」

そして電話が切れた。あのあまっ子め，このおれさまに対して電話を切りやがったな——はした役者のくせにこのトビー・テンプルさまに対して電話を切りくさったわい。

◎彼トビー・テンプルはいわば芸能界の帝王ともいうべきコメディアンである。彼に誘われて断わるような女はかつていなかった。いや，どんな女だって，彼と一夜を共にするためには一年を棒に振ることも厭(いと)わなかっただろう。しかるに，役者としてまだ半人前にもならないような小娘に，一方的に誘いの電話を切られてしまったのである。

The bitch ... 以下は彼の心理内容を述べるいわゆる**描出話法** (Represented Speech) で，その前に he thought のような要素を補って解する。

150

〔**例**〕 When he stood up he seemed heavy with a weight of flesh that was somehow foreign to him, as though he had **picked it up** by mistake, like the wrong coat after a party.

この男が立ち上がったとき，肉づきがたいそうよくて，重そうに見えた。そのようすはどうもこの男にそぐわしくなく，いわば，パーティのあとでまちがって他人のコートを着て帰ったときのように，何かのまちがいで**大きなずうたいを持ち上げる**といった感じであった。

▩**解説**　pick up の第一義は「拾い上げる」であるが，**up** は常に空間的な「上に」を意味するわけではない。*pick up* speed と言えば「スピードを上げる」ことであり，Business has **picked up.** ならば「景気が上向きになってきた」の意である。目的語なり主語なりによって up の内容を考えねばならないが，この文で代名詞 it の指すものは何であろうか。文をさかのぼっていけば a weight of flesh（ある目方の肉）しか該当語句はないことがわかる。ところで，pick up weight は「目方が増える」，pick up flesh は「肉がつく」であるが，it の先行詞一語をあげるならば flesh を指すと考えてよい。（a weight of ～ は a kind of ～, a lot of ～ などと同じく形容詞句的に解する）

したがって，he seemed 以下は「パーティのあとで間違えて着た人のコートのように，うっかり間違えて身につけてしまった，どことなく自分のものでないように感じられる肉づきで，からだが重そうにみえた」ということを述べているのである。

◈**注意**　foreign to ～ は alien [éiliən] to ～ と同じく「～にとって異物の関係にある；（本来自分のものではなく）異質の」という意味を表す。

Kindness is **foreign to** his nature.
（親切は彼の性質に無縁のものだ）

151

〔例〕 **For once,** the students filed out silently, **making a point,** with youthful good manners, of not looking at Crane, bent over at his chair, pulling books together.

ふたたび，生徒たちは静かに並んで外へ出て行った。若者らしい礼儀を守って，よく**その場の核心をとらえ，**クレインのほうは見ずじまいだった。クレインは椅子の上にかがんで，教科書をまとめていた。

▩**解説**　for once は「この時だけは」の意の熟語である。make a point は「1点取る，点をかせぐ」の意で用いられる場合もあるが，「核心をとらえる」といった意味を表すことはない。ここではもちろん，making a point ... of not looking と続けて解する。make a point of ～ing は「かならず～するようにする」という基本的イディオムである。

◉あるアメリカの大学で。国語の時間。その前の土曜日の夜にクレインの兄が事故で死んだ。教授は弔意を表し，学生たちに“The class is excused.”と言って，今日の授業は行わないことを告げる。ふだんなら，がやがや，わいわい，にぎやかに退出する学生たちだが，「きょうだけは，きちんと列をなして静かに，クレインのほうを見ないようにして教室から出て行った」のである。

◆**参考**　for once の例を示しておく：

There was silence. Ivor looked incredulous, Geoffrey puzzled **for once** in his life.

——Kingsley Amis: *Jake's Thing*

皆がだまってしまった。アイヴァは信じられないといった表情だった。さすがのジェフリーもこのときばかりは狐につままれたような顔をしていた。

◉これと混同してはいけない表現に once and for all があるが，これは「今度かぎり，これを最後に，きっぱりと」といった意味。実例を一つ：

She had married a scientist and in one of her fits of anger had thrown a live coal at his sister. Whereupon the scientist demanded a separation, **once and for all.**

——Muriel Spark: *The Prime of Miss Jean Brodie*

彼女はある科学者と結婚したが，あるとき，例によってかっと腹を立てたときに，燃えている石炭を夫の姉に投げつけた。そこで夫の科学者は，断乎きっぱりと，別居を要求した。

152

〔例〕“You are going to ruin your client, Francis. And yourself. Good Lord, man, I don't understand your hesitation. I swear I don't. When I walked into this room, you didn't have a future. I'm offering you one. You should be **on your knees.**”

「あなたはご自分の依頼人を破滅させようとしているのです，フランシス。そして，あなたご自身をね。あなたがなぜためらうのか，理解できません。どうしても理解できませんね。わたしがこの部屋へ入ってきたとき，あなたに未来はありませんでした。わたしはあなたにその未来を差し出しているのですよ。あなたは**四つん這いになって**もいいぐらいです」

▨**解説**　on one's knees は「ひざまずいて」いるのであって，「四つん這いになって」いるのではない。後者は on one's hands and knees あるいは on all fours といい，その典型的な用例を，国語辞典と英語辞典からそれぞれ引いてみれば：

(1)「巧みにはたき込まれて四つん這いにはわされた」

(2) The baby was creeping about **on all fours.**

(赤ん坊は四つん這いになってはいまわっていた)

●これに対して on one's knees が用いられる典型的な例は：

He fell **on his knees** to thank God.

(彼はひざまずいて神に感謝した)

●支えるのが2本であるか4本であるかによって，用いられる文脈はかなり異なる。上の〔例〕の下線部も「あなたは私のせっかくの申し出を断るとおっしゃるが，本来ならありがたく受け入れて，ひざまずいて神に感謝すべきところなんですよ」の意で述べられている。

◆**注意**　次のような表現における on も，上と同じ用法のものである。

He fell down **on his face.** (彼はうつ伏せに倒れた)

She lay **on her stomach.** (彼女は腹ばいに横たわっていた)

He was thrown **on his back.** (彼はあお向けに倒された)

153

〔例〕 "I *am* her. I can act only as she acts. No part of me is alien to her. **For all intents and purposes** we are one."

「わたしはまちがいなくあのひとです。あのひとのようにしか行動できないわ。わたしのどの部分をとっても，あのひととつながっているのよ。**意志の点でも，欲望の点でも，**わたしとあのひとはおなじ一人の女なのよ」

▒**解説**　**for all intents and purposes** (ふつうは for ではなく to) は熟語になっていて「ほとんどすべての点において (in almost every way)，事実上～ (virtually)，～も同然」といった意を表す：

The animals, when brought into the light, behaved **to all intents and purposes** as if they were blind.

（その動物たちは，明るいところに出されたとき，まるでめくら同然の動作をした）

154

〔例〕 Mr. Aziz gave him his instructions. He then spoke to both men about guarding the Lagonda. He was brief and incisive. Omar and Saleh stood **bowing and scraping.**

アジズ氏が彼に二言三言注意した。それから二人に向かってわたしの車をしっかり見張るように言いつけた。簡にして要をえた指示だった。オマルとサレフは**頭をさげ，体をぼりぼり掻きながら**聞いていた。

▒**解説**　scrape は「こする，こすり落とす」などの意を表し，**scrape** mud off one's shoes と言えば「靴の泥をこすり落とす」である。「掻く」は scratch で，**scratch** one's head は「(困って) 頭を掻く」の意。

ところで **bow and scrape** はまとまった慣用句で「ぺこぺこする」の意を表し，「体をぼりぼり掻く」こととは無関係である。

◆**参考**　bow のかわりに cringe を用いた例を一つ：

... she ... would fore'er be grovelling, **cringing, and scraping** to do my bidding. ——Erica Jong: *Fanny*

彼女はいつもへいこらぺこぺこして私の言いなりになっていたのです。

155

〔例〕 He turned around. She was lying back on the bed now, watching fascinated as he walked toward her. "You feel that way about me?" she said in an undertone.

"More than ever." He was on the bed. "**Move over.**"

彼は身体をめぐらせた。彼女はもうベッドに横たわって，近づいてくる彼をうっとりと見つめた。「そんなにわたしを思っていてくれているの？」とひめやかな調子で言った。

「いままでよりもさらに」彼はベッドに上がった。「**もっとはるかに**」

解説 move over は「つめて場所を空ける」の意の動詞句。彼は，すでにベッドに横になっている彼女に「少しそちらに寄ってくれないか」と言って，自分が横になる場所を空けてもらったのである。

156

〔例〕 They were all keyed up for the moment when he should collapse and die or start screaming and **tearing off** his clothes. But he disappointed them.

教室全員が，彼のくずおれて死ぬ瞬間ないしは絶叫して服を**掻きむしり**始める瞬間を固唾(かたず)を呑んで待っていた。だが彼は彼らを失望させた。

解説 **tear** one's hair は「髪を掻きむしる」の意であるが，**tear off** one's clothes は「(大急ぎで，剝ぎとるように) 着ているものを脱ぐ」のであり，**strip off** one's clothes などと同類の言い方である。

The policeman **tore off** his jacket and plunged into the river.

(警官はさっと上着を脱いで川にとびこんだ)

●したがって，学生たちは，大学の先生である彼が，ひどい二日酔いのあまり，いきなりわめき出し，ストリップでも始めるのではないかと，緊張した期待感をもって眺めていたのであろう。

157

〔例〕 Sometimes Andrew, forever making light of his fright, decided that it was simply Christopher's appearance that unnerved him. His future father in law was very tall and looked **anything but** English. He might have looked southern French or even Basque. He had extremely black hair and large dark eyes and a long thin very red mouth.

彼を恐れる気持をいつも軽視しようとしたアンドルーは，ときどき，こわい感じがするのは，たんにクリストファーの外見にすぎないのだと思いきめた。未来の岳父は非常に背が高くて，まさにイングランド人**以外のなにものでもなかった**のである。南仏の人間かバスク人とさえ見えた。まっ黒な髪，大きな黒い目，そして横に長くうすい，まっ赤な口をしている。

解説 anything but ～ は「～以外のいかなるものでもありうる→ほかの何であっても～でだけはない→決して～ではない」となり，結局 far from ～ や by no means ～ などと同じく，強い否定の意味を表す。たとえば，He looks *anything but* well. といえば，「彼は元気そうにはとうてい見えない」(→He looks ill.) の意である。したがって上の英文は，彼の未来の義父の風貌が「非常に英国人離れしていた」ことを述べていることがわかる。

訳文の「～以外のなにものでもない」に相当する英語は *anything* but ～ ではなくて *nothing* but ～ のほうである。

◈**注意**　代名詞と but が結びついた次の三つの表現を正しく区別しておかなければならない。

His English is **anything but** correct. (=far from)
(彼の英語は正しいどころではない)

His English is **nothing but** correct. (=only)
(彼の英語はただ正しいだけだ)

His English is **all but** correct. (=almost)
(彼の英語はほぼ正確だ)

▶anything but の前に not などの否定詞がある場合は *not* ～ *any*thing but =*no*thing but の意味になる。

{ He is **not** content with **anything but** the best.
{ He is content with **nothing but** the best.

(彼は最高のもの以外にはいかなるものにも満足しない／彼は最高のものだけにしか満足しない)

◈**参考**　〔例〕の英文と同じ look anything but ～ という表現を含む文を示しておく。

Though she got her clothes in Paris, she never succeeded in looking **anything but** thoroughly English. She naturalized whatever she wore.

(彼女はパリ仕立てのドレスを着ていたが，全くの英国風以外のものに見せることに成功したためしはなかった［いつでも必ず完全に英国風に見えた］。彼女が着ると何でもたちまち英国風になってしまった)

158

〔例〕 "If you amphibians **had your way**," said the prosecutor, "everybody would **run out on** his responsibilities, and let life and progress as we know them disappear completely."

「きみたち両棲人にはまた，**きみたちなりのやりかたがあるにせよ**」と，検事は言った。「一人一人が自分の責任を**まっとうすべく全身全霊をささげつくし**ていれば，われわれの持つ生命だの進歩だのという観念は完全に消えてしまうものだ」

▨**解説**　この空想科学小説における“両棲人”(amphibian) とは，魂が肉体を脱け出して生きることもできれば，また好みに応じて，貯蔵センターから肉体を借り出し，それをまとって生きることもできるといった新種族である。その両棲人の夫婦が，魂だけで，ふつうの人類のテリトリーに侵入し，連れ立って見物しているうちに，まんまと捕虜にされてしまい，裁判にかけられる。その裁判で，検事が両棲人を弾劾しているところである。

●**have one's way** は「自分のやり方を持つ」ではなく「自分の思い通りにする」が正しい。**if** には「たとえ～でも」(＝even if) という“譲歩”の意味を表す場合もあるが，ここでは「～ならば」というふつうの“条件”を表している。**run out on ～** は「～を放棄する」(＝desert) の意。

したがって〔例〕の文の正解は，

「もし君たち両棲人が自分のしたいようにしたら，だれもかれも自分の責任を放棄して，今あるような生活や進歩もすっかり姿を消してしまうことになるだろう」

といったものになる。

20　文型・構文

159

〔例〕 For an answer he went over and leaned down and kissed the top of her hair.

She grinned, looking suddenly boyish.

“Someday,” she said, “you're going to **make** some girl a good father.”

答えるかわりに彼は彼女の傍に行き，身をかがめてその長い髪の上にキスした。

彼女はにっこりした。ふいに，少年のように見えた。

「いつか，きっと，あなたはどこかの女の子をいいお父さんにしちゃうわよ」

▨解説　一般に make のあとに二つの名詞が置かれると，その文型は (1) SVOC (～〔O〕を…〔C〕にする) か，(2) SVIODO (～〔IO〕に…〔DO〕をつくる) のいずれかになる。

(1) He **made** the girl his wife.

(彼は少女を自分の妻にした)

(2) He **made** the girl a dress. 〔=He made a dress *for* the girl.〕

(彼は少女にドレスをつくってやった)

上の翻訳文は (1) の文型に解してつくられているが，どう考えても文意が成り立たない。

とすれば (2) に解さなければならないことになり，その直訳は「あなたはどこかの女にいいお父さんをつくるだろう」であるが，これは，たとえば，

She will **make** him a good wife.

(彼女は彼のためによい妻をつくるだろう→彼女は彼のいい奥さんになるだろう)

と同じように，訳の上では「～をつくる」ではなく「～になる」と表されるのがふつうである。

◎〔例〕で，「彼女」は年頃の娘，「彼」はその父親である。彼は浮気な妻と別れて，現在，カンヌの映画祭に来ている。そこへ，アメリカから娘がやってくる。いつのまにかすっかり一人前になり，もう父親と対等におとなの口をきき，率直な意見も述べる。プロデューサーとしての華やかな名声が過去のものになりつつある父親に自信を持たせようという心遣いも感じられる。

「あたしが来たこと，うれしい？」

と娘に聞かれて，父親が，言葉のかわりにキスで答えたところである。

◎娘の言葉は，直訳すると「あなたは，どこかの女の子にとって，よいお父さんになるでしょう」であるが，some girl はもちろん自分のことを指し，「パパは私のためにすてきなお父さんになってくれるわね」の意を，励ましと願いをこめて，間接的な冗談めかした口調で述べたのである。

◆注意　make は名詞を一つだけ伴って，「～をつくる」ではなく，「～になる」

またはそれに類した訳が与えられる場合もある。

She will **make** a good wife.

（彼女はいい奥さんになるだろう）

Under the door mat doesn't **make** a good hiding place.

（ドア・マットの下はよい隠し場所にならない）〔この文では Under the door mat という前置詞句が名詞の働きをして主語になっている〕

Some of this will **make** interesting reading.

—— Agatha Christie: *Postern of Fate*

（これは〔＝今話したことのうちあるものは，書けば〕きっとおもしろい読物になるだろうね）

▶make を含む文が，文脈によって，二通りに解釈できることもある。

She will **make** an excellent model.

（a）彼女はすばらしい模型を作るだろう。

（b）彼女はすばらしいモデルになるだろう。

She **made** Helen a model.

（a）彼女はヘレンに模型をつくってやった。

（b）彼女はヘレンをモデルにした。

●make 以外でも文脈により意味を区別しなければならない，**重要な例**：

I **found** him a useful ally.

（a）私は彼に有力な味方を見つけてやった。

（b）私は彼が有力な味方であることを知った。

160

〔例〕 The doctor took an hour's siesta after lunch and then returned to the office on his way to some bedridden patients in the *barrio popular* —— if you could call what they **lay** on beds.

ドクターは昼食後一時間の午睡をとってから，貧民地区——人々がベッドに寝る場所をそう呼べるものなら――の寝たきりの患者を訪ねる途中，もう一度事務所に寄ってみた。

▨解説　このミスは，以下の解説を読む前に，もう一度英文と訳文を比べ合わせ，基本的な文法思考をめぐらして，なんとか自分で発見していただきたい。……さて，考えるべき点は二つある。

第一点：call は SVOC (～を…と呼ぶ) の文型を作るものと考えられるが，OとCはそれぞれ何か。

第二点：what が導く関係詞節の構成はどうなっているのか。what は名詞の働きをするが〔確認するまでもなく lay は完全自動詞の過去形 (lie-*lay*-lain) であるので〕，lay の目的語でも補語でもありえない。what がかりに where ならばともかく，what they lay on beds→「人々がベッドに寝る場所」という解釈は許されない。

結論はこうだ。V (=call)＋O (=what they lay on)＋C (=beds) なのである。すなわち，

「貧民地区の，ベッド――そこの人々が身を横たえているものをベッドと呼べるものなら――に寝たきりの患者を訪れる途中…」であって，*bed*ridden (ベッドに寝たきりの) という語を用いたが，それがとても「ベッド」と呼べるような代物ではないことを述べている。

◈**参考**　補語が，節の形をした (または節を含む) 目的語のあとにおかれる場合の例を示す。

〔1〕 It is thinking that makes what you read yours.

〔2〕 It is, no doubt, a very laudable effort, in modern teaching, to render as much as possible of what the young are required to learn easy and interesting to them.

〔3〕 History forever will hold the nations that destroyed so much that was beautiful responsible for depriving the world of those things essential to culture.

〔1〕「読んだものを身につけさせるのは思考である (読んだことは，よく考えることによって自分の身につく)」

〔2〕「現代の教育において，生徒が学ばねばならないことのできるだけ多くを，彼らにとって楽におもしろく学べるようにしようとすることは，

たしかに賞賛に値する努力ではある」

〔3〕「歴史は，美しいものをこんなにも破壊した国々に，文化にとって欠くことのできない物を世界から奪ってしまった責任を，永遠に問うであろう」→hold (V)＋O＋responsible (C)「…に責任があるとする」

161

〔例〕I should like to see **children taught** that they should not say they like things they don't like, merely because certain other people say they like them, and how foolish it is to say they believe this or that when they understand nothing about it.

ほかの人たちがそれを好きだといったからというただそれだけの理由で，自分が好きでもないものを好きだなどというべきではないし，また，それを少しもわかっていないのに，あれとかこれとかを信ずるというなどはどんなに馬鹿げたことであるか，といったことを**教わった子供たち**があれば，お目にかかりたいものだ。

解説　「他動詞＋目的語＋分詞」の形においては，分詞は文脈によって二通りの働きをする。

(a) I want a watch **made** in Switzerland. 〔SVO〕
(b) I want my watch **repaired** by Friday. 〔SVOC〕

(a) 私はスイス製の時計がほしい。
(b) 私はこの時計を金曜日までに修理してほしい。

すなわち (a) の過去分詞 made は名詞(＝watch) を修飾しているが (b) では repaired という過去分詞は目的格補語になっていて「Oが～されるのを…する (＝時計が修理されるのを欲する)」という意味関係を表す第5文型の文である。

〔例〕の訳文は (a) に解して「…と教えられた子供を見る」となっているが，これは (b) と同じ構文で「子供たちが…と教えられるのを見たい」ととるべき場合で，訳は「子供たちには…ということを教えてもらいたいものだ」程度にしておくのがふつうである。

◈**注意**　次のように過去分詞が二つ並んだ場合の用法も区別すること。

I'd like to see all the criminals **involved arrested**.

〔誤〕 私は事件に巻き込まれて逮捕されたすべての犯人の顔が見たい。

〔正〕 この事件にかかわりのあるすべての犯人を逮捕してほしいものだ。

162

〔例〕 Nor could I see yesterday's paper. True, he probably bought a paper when he went out and left it on the way to work. I don't have a paper delivered myself; it's a kind of family thing to do. But there were no magazines either, and I could guess from the books the magazines he was sure to read.

それに，昨日の新聞がどこにも見当らない。出勤の途中で買って読み捨てる，ということはもちろん考えられる。わたし自身も新聞の配達を受けていない。そんなことは家庭ですることである。しかし，雑誌類もどこにも見当らない。本の種類から判断して，まちがいなく雑誌は読んでいるはずである。

▨**解説**　この英文では guess の目的語は the magazines であり，magazines の後には関係代名詞 that が省略されている。したがって「彼の蔵書から，彼が読むにちがいない雑誌を推測することができた」といった内容を述べていることになる。

◈**参考**　「後置目的語」(ふつう動詞と目的語のあいだに他の要素が割り込むことはないが，目的語に長い修飾語が付く場合などにかぎり後に置かれる）を含む例を一つ示しておく。

One of the most valuable functions of the family lies in handing onto the child by example, as well as by instruction, a very great deal of the cultural heritage of the group to which the parents belong.

（家庭が果す最も大切な役割の一つは，教えることによってだけでなく，手本を示すことによって，両親が属する集団の文化的遺産の非常に多くを子供に伝えることにある）

163

〔例〕 **What** the blueprint is to the builder the outline is to the writer. After the house has been completed, one no more expects to see the blueprints lying around than to see an outline printed with an essay. But as long as the house is being built, the plans are most important. And so is the outline of great value to the writer until he has completed his paper.

青写真が建築家に対する関係は，概要が著者に対するようなものだ。家が完成されてしまうと，人に青写真（によるプラン）があたりに横たわっているのを見ることを期待しないのは，概要が議論といっしょに印刷してあるのを見ることを期待しないと同様である。しかし，家が建築ちゅうであるかぎりは，計画は最も重要である。そして同様に著者が作品を完成してしまうまでは，概要は非常に価値がある。

解説　同じ箇所が他の本では「青写真と建築家の関係は，梗概と作家との関係と同じである」と訳されている。部分的に表現が違っているが，根本的な意味関係は上の訳と同じで，残念ながら正しくない。

A is to B what C is to D. は A : B=C : D の等式で表されるが，“文”としては，名詞節を含む複文であり，主節・従節を区別して，この関係を正しく訳出すべきである。

主節　　　　従節

Air is to us **what** water is to the fish.

この *what*-Clause は名詞節で，主節の補語の働きをし，

(S) Air (V) is (C) **what** water is to the fish to us.

「空気はわれわれにとって［水が魚に対するようなもの］である」

という意味関係を表している。言いかえれば，『空気とわれわれの関係』が主題なのであって，それを『水と魚の関係』というだれにでもわかる身近な例を引き合いに出して述べたものである。この構文が，*what*-Clause が前に出た形，すなわち，

What water is to the fish air is to us.

となっても，主節と従節，あるいは，主題と引き合いに出された例，の関係は変わらない。

◎〔例〕の下線部は，従節が前に出ているが，主題は「梗概と作家」の関係であって，「青写真と建築家」の関係はその例なのである。だから，この二つの要素を入れかえれば正しい訳文になるわけであるが，この基本関係を正しく伝える訳文であれば，部分的な表現はいろいろな形をとってよいわけで，「あら筋は作家にとって，ちょうど設計図と大工の関係のようなものである」のように訳してもよい。

◈**注意**　同じように「主従関係」も明確にしなければならない構文に，A is no more B than C is D. がある。〔189 ページ参照〕これは，「AがBでない」という主題を，「CがDでない」という卑近な例によって述べる形式である。この関係を正しく伝えるものであれば，いろいろな訳し方をしてもかまわない。

A home without love is **no more** a home **than** a body without a soul is a man.

〔誤〕愛情のない家庭は家庭と言えないように，魂のない肉体は人間ではない。

〔正〕① 愛情のない家庭は，魂のない肉体が人間とは言えないように，家庭とは言えない。② 愛なき家庭が家庭でないのは，魂なき肉体が人間でないのと同じである。③ 魂のない肉体が人間でないごとく，愛なき家庭も家庭にあらず。

164

〔例〕 So far as history shows, civilization precedes culture but a hard and fast line cannot be drawn to show where one leaves off and the other begins; we may conceive of a nation more civilized than another **yet less** cultured, and we make a mistake in boasting of our high state of civilization if we are lower than others in culture.

歴史の示す限りでは，文明は文化に先行するが，どこまでが文明で，どこからが文化であるかを示すために，画然たる一線をひくことはできない。われわれは，ある国を文化が**まだそれほど進んでいない**他の国より文明化していると考えることがある，たとえ文化的に他国より劣っていても自国の文明の高さを自慢するあやまちを犯す。

解説　more ... cultured は a nation を修飾する形容詞要素であり，a nation [*which is*] more civilized ... のように補って考えてもよい。つまり，more ... cultured は次と同じ構造の修飾句である。

There are people [*who are*] richer than others *yet* less happy.

(他人より金はあるが幸せでない人々がいる)

すなわち，〔例〕の下線部は「他の国よりも文明は進んでいるが文化は遅れているといった国も考えられる」ということを述べている。文明と文化の区別はここでは大まかに，前者は物質的なもの，後者は精神的なものと考えられている。

▶yet の意味についてはここでは次の二つを区別する。

(a) She is **yet** (=still) young but thoughtful.

(彼女はまだ若いが思慮深い)

(b) She is young **yet** (=but) thoughtful.

(彼女は若いが思慮深い)

(a) では副詞（ただし「まだ」の意では yet は多く否定文・疑問文に用

い，上のような肯定文では still がふつう)，(b) では接続詞である。〔例〕では (a) の意で訳されているが (b) が正しい。

165

〔例〕 We must make sure that those causes which we fought for find recognition at the peace table in facts as well as words ... It is the victors who must search their hearts in their glowing hours, and be **worthy** by their nobility of the immense forces that they wield.

われわれは，そのために戦ったもろもろの大義が，平和な状態において，言葉だけではなく事実においても，すぐそれとわかることを確かめねばならない。…栄光のときにその心をさぐり，その巨大な武力を気高く行使することによって，**尊敬に値する**者こそ，真の勝利者なのである。

解説　worthy はあとに **of** を伴い，「～**に値する**」の意を表す用法がある。この文もそれである。

上の訳では of the immense forces という句が，隣接する名詞 nobility を修飾するように解されているが，これは by their nobility という句を隔てて，be worthy ... of と続けねばならない。したがって，訳は次のようなものになる。

「自分の気高さによって，自分が行使する**大きな力に値する**［ものとならなければならないのは，勝者なのである］」

注意　find recognition at the peace table の部分に対する上の訳も訂正を要する。**find recognition** は「(承認を見いだす→) 承認される」の意を表し，これは **gain acceptance** が「(受諾を得る→) 受諾される，受け入れられる」であるのと同様である。

また **peace** には「平和」のほかに「和平」の意味がある。the *peace* table というのは「平和な状態」ではなく「和平交渉の席」である。(なお，keep one's *peace* といえば「平和を保つ」ではなく「黙っている」〔＝hold one's tongue〕である）

◉したがって find recognition at the peace table の部分の意味は「和平交渉の席においても［われわれの戦争の大義が］承認されるようにしなければならない」である。

166

〔例〕 Of course in the olden days people used to deliver them (=letters) and wait for an answer **under the casement.**

もちろん，昔は手紙を相手に届けて，返事が**開き窓の下に**おかれるのを待ったものなのよ。

▨**解説** 上の訳文に対する英語は wait for an answer to be put under the casement のようなものでなければならない。原文の意味はもちろん「窓の下で返事を待つ」であって，under the casement という前置詞句は wait を修飾する副詞句である。

◈**注意** 前置詞句は，文によっては，副詞句・形容詞句のいずれにも解することができる場合もある。

Nobody knew who had murdered the old man with a walking stick.

(a)「だれが杖をもったその老人を殺したのか…」

(b)「だれがその老人を杖で殺したのか…」

Did he really paint the picture in the attic?

(a)「ほんとに屋根裏部屋にあるその絵をかいたのか」

(b)「ほんとに屋根裏部屋でその絵をかいたのか」

いずれの意味であるかは，読む場合には，区切り方で明らかにする。(形容詞句 (a) では前の名詞に続けて読む)

◈**参考** 次のような場合には，形容詞句として，二通りの修飾関係が成り立つ。

the girl in the armchair with pretty legs

(1)「肘掛け椅子に座っているきれいな脚をした少女」

(2)「形のいい脚の肘掛け椅子に座っている少女」

a photo of a horse in his dining room

(1)「彼の食堂にある馬の写真」
(2)「彼の食堂にいる馬の写真」(なきにしもあらず)

167

〔例〕 The men had stopped having careers and the women had stopped having babies. Liquor and love were left.

男たちは出世をあきらめていたし，女たちはもう子供を生むのをやめていた。酒はあっても愛はなくなっていた。

解説　下線部の意味は，文字通りに「酒と愛が残った」ということ，つまり「残ったのは酒と情事であった」ということであることは，説明を要さないだろう。翻訳のなかには，ときとしてこのように，日本語だけ読めばもっともらしいが，原文には不忠実なものもある。

21 その他

168 (同形異種文)

〔例〕 He felt his audience was bored, because they were eating again, so he said, as a punch, 'I know when we have kids I'm certainly not going to kiss my wife in front of them.'

It was too harsh a thing to say, too bold; he was too excited. His wife said nothing, did not even look up, but her face was tense with an accusatory meekness.

'No, I don't mean that,' he said. 'It's all lies, lies, lies, lies. My family was very close.'

She said to the friend softly, '<u>Don't you believe it.</u> He's been telling the truth.'

彼はきき手が退屈しているなと思った。二人は食べはじめたからだ。それで，パンチを繰出すように言った。「ぼくら子供が生まれたら，子供たちの前で妻にキスする気はまるでないね」

こんなことを言うのはあまりに荒っぽい，大胆すぎることだった。彼の妻は何も言わず，顔さえあげなかったが，その顔には控え目ではあったが，非難をこめた緊張がただよっていた。

「いや，実際にそこまでやる気はないさ」と彼は言った。

「みんな嘘，嘘だよ。ぼくの家族はとってもつよく結ばれているんだからね」

妻は友人にそっと言った。「<u>あなたは信じないの。</u>この人はほんとのことを言ってるのよ」

▒解説　家族同志のキスと愛情の関係といったことは風習の違いでピンとこないむきもあるかと思われるが，それはさておき，同じ語が並んでも，異なった意味を表す場合はよくある。話すときは抑揚や区切りがその違いをはっきり示してくれるが，書かれた文では句読点によって区別される。たとえば

(a) You stay here. (↘) (君はここに滞在する)〔平叙文〕

(b) You stay here? (↗) (君はここにいるのか)〔疑問文〕

(c) You stay here! (↘) (お前はここにおれ)　〔命令文〕

三つとも同じ語を用いた文であるが，音調や句読点によって意味が異なる。((c) では [.] も用いる。[!] の方が強意的) 上の〔例〕の下線部についても

(a) Don't you believe it. (↘)

(b) Don't you believe it? (↗)

の違いを区別しなければならない。(a) は「あなたはそれを信じてはいけない」という命令文であり，(b) は「あなたはそれを信じないのですか」という疑問文である。

ここでも，妻は，夫が「今言ったことは嘘だ」と言ったことに対して，友人に，「<u>夫のことばを信じてはいけませんよ。</u>(夫が嘘だと言ったのは嘘で) 本当のことを言っているのですよ」と告げたのである。

◈**注意**　命令文は you を示さないのがふつうであるが，特に相手を指示したり，強い‘いらだち’を示したりして you を表すこともある。

You mind your own business and leave it to me.

(お前はよけいな口出しせんで，おれに任しときな)

Don't *you* open the door. (戸を開けるんじゃないぞ)

主語が You 以外の場合もある。

Somebody open the door. (だれか戸を開けなさい)

◈**参考**　命令文に you を表し，それが動詞のあとに置かれた例を一つ：

Believe **you** me. You don't have to be psychic to know what that is.

—— Alan Ayckbourn: *The Norman Conquests*

本当だぞ。超能力がなくったってそれが何だってことぐらいはわかるんだ。

◈**注意**　次のような場合も同じ語順であるが，間違えないように。

(a) Isn't he stupid? (あいつはばかじゃないか)

(b) Isn't he stupid! (あいつはなんてばかなんだ)

両方とも疑問文の語順をとっているが，(b) は How stupid he is! の意味を表す感嘆文なのである。もちろん (a) は上昇調，(b) は下降調で終る。

169 (同形異種文)

〔例〕 The affectionate son used what little strength he **had left** to tie the medicine that he had received from the doctor around the dog's neck, and sent him home with it.

その愛情深い息子は，医者からうけとった薬を犬の首のまわりにくくりつけるのに，少ないながら**残しておいた**すべての体力を使った。そして薬をもたせて犬を帰したのだった。

▩**解説**　過去完了形は「had＋過去分詞」であることは今さら言うまでもないが，had と過去分詞が並べば常に過去完了であるわけではない。たとえば，

Make the most of what little time you **have left**.

の have left は現在完了形で「わずかながらも君が残しておいた時間を最大

限に活用せよ」という意味を表すのだろうか。次の二つを比較:

(a) You **have left** little time.

(君は時間を少ししか残しておかなかった)

(b) You **have** little time **left**.

(君には時間が少ししか残っていない)

〔例〕と解説の3行目の例文はいずれも(b)の「have＋目的語＋過去分詞」の構文に由来するもので,「少ないながら残っていたすべての体力」「わずかながら残された(残っている)すべての時間」を意味しているのである。

◈**注意**　次の各文でも have (had) と過去分詞が並んでいるが, 完了形ではないことに気づかなければならない。

① He sent his son for the book that he **had bound**.

② The servant announced a visitor, whom I **had shown** into my study.

③ She knows something I wouldn't **have made** public for the world.

④ Who has not **had said** to him in the Strand, "Hallo, old fellow, I haven't seen you for ages; you must come and lunch with me one day."?

①「彼は製本してもらった本を息子にとりにやらせた」(<he *had* it *bound*)　②「召使が来客を告げたので, 私は書斎に通させた」(<I *had* the visitor *shown* ...)　③「彼女は, 私がどんなことがあっても公表してもらいたくないことを知っている」(<I wouldn't *have* it *made* public ...)　④「ストランド街で,『やあ君, 久しぶりじゃないか。いつかぜひ昼めしでも食いに来いよ』などと言われたことのないものがいるだろうか」(*cf.* I haven't *had* such a thing *said* to me.「ぼくはそんなことを言われたことがない」。上の文で had の目的語は引用符の中の発言内容である)

◈**参考**〔例〕と形式の近似した文を入試問題より掲げておく。

At this time in the United States, the rivers had to be bridged, the mountains mined, and the railroads built, and whatever time they **had left** was devoted to hammering out the political and economic form the new country would take.

(当時合衆国では, 川に橋をかけ, 山を採掘し, 鉄道を敷かなければならず, 残された時間はすべてこの新生国が採用する政治・経済体制をつくり出すことに当てられた)

170 (同形異構文)

〔例〕 Universities should hold up for admiration the intellectual life. The most precious gift they **have to** offer is to live and work among books or in laboratories and to enable the young to see those rare scholars who have put on one side the world of material success, both in and outside the university, in order to study with single-minded devotion some topic because that above all seems important to them.

大学は知的生活を賛美されるように掲げるべきである。大学の与えなければならない最も貴重な贈りものは，書物や実験室の中で生活し研究することであり，ある問題が何よりも重要と思われるが故にそれを専門に研究するために，学内および学外において，物質的な成功の世界を無視してきたすぐれた学者に若い学生が接する機会を与えてやることである。

解説　この例は，いつも「have to＝must」の関係があてはまるとは限らないという例である。

What do you **have to** say?

においては，have と to が隣接しているが，実は

I **have** nothing **to** say.

のような文と同じ型の構文であって，have の目的語が疑問詞 what であるために文頭に出て have と to がくっついた形なのである。したがって訳は「君は何を言わなければならないのか」の形式ではなく「君は言うべき何を持っているか」という基本的な意味関係から導かれた文脈に適した訳を考えなければならない。(この文では「君は何を言いたいのか」「君はどんな言い分があるのか」など)

上の〔例〕の下線部も，「～しなければならない」ではなく，「(大学が提供すべく持っている→) 大学が与えることのできる最も貴重な贈り物」とい

った程度の訳にしておくのがよい。

◆**注意**　動詞に offer が用いられた文を示す。

(a) They have been cheated of the best things that life **has to** *offer*.

(彼らは人生が与えてくれる最良のものをだまし取られてしまった)

(b) Her sweet, sad smile is, from the point of view of the child, one of the severest punishments the school **has to** *offer*.

(先生の優しい悲しげなほほえみは，生徒の立場からすれば，学校が与えうる最もきびしい罰なのである)

これらの例からこの形式を「〜ねばならない」と訳しては適当でないことがわかるだろう。

171 (数　詞)

〔例〕 She had two summer dresses and she washed one **every second** evening, so that she was always clean and neat and scrubbed looking. She told me that she would be a nun when she grew up.

彼女は夏服を2枚もっていて，二日おきに洗濯するので，いつも清潔で，こざっぱりしたようすをしていた。大人になったら尼さんになるのだ，とわたしに言っていた。

▩**解説**　日本語で，たとえば「四日おきに」と「四日目ごとに」とは異なる。後者ならば every fourth day でよいが，前者は「五日目ごとに」と同意で every fifth day でなければならない。次の三通りの言い方は同じ内容を表す。

① every second day　(二日目ごとに)

② every other day　(一日おきに)

③ every two days　(二日ごとに)

① では day は単数であるのに対し，③ では「二日 (two days)」に every がついた形をとるので day は複数であることに注意する。

172 （数　詞）

〔例〕 A booksellers' convention in Chicago in early June. There were thousands of people surging through the lobby of the Sheraton and **every third one** seemed to know my face. I was grabbed by the hand, jostled, yoohooed, asked for advice, and solicited to read the budding literary efforts of nephews in Schenectady.

6月上旬，シカゴでのある書店の会合。おびただしい人の波がシェラトンのロビーを行き交い，**第三者の誰もかも**がわたしの顔を知っているようだった。私は手を握られ，押しのけられ，ヤァーと声をかけられ，助言を求められ，スケネクタディにいる甥(おい)たちの幼い文学修養の成果を読んでくれとせがまれた。

▒**解説** every *third* **one** は，前項で説明したように，「三人に一人」であって，「第三者」ではない。「当事者」に対する「第三者」は **a** *third* **party** (person) である。なお **the** *third* **person** といえば「第三人称」のことであり，「三人称現在単数」は the third person present singular である。

173 （数　詞）

〔例〕 He was reading at **twenty-eight and thirty** literature which, when it is read at all, is as a rule read ten years younger because the taste is there and is greedy for satisfaction, —— as a young and vigorous animal for its meals.

彼は**58歳で**，かりに読まれるにしても10歳も若いころ読まれるような文学を読んでいた。10歳も若いころ読まれる，というのは，その年代の好みがそういうところにあり——若くて活力のある動物が食べ

物をどん欲に求めるように――どん欲に満足感を求めるからである。

▨解説　一般に，数字を and で結べば，その和が表される。たとえば，

three score *and* ten

といえば，score＝twenty であるから，

20×3＋10＝70

という計算が成り立ち，これは聖書に由来する成句で，「人生70年」を表す。

●しかし，〔例〕では「28＋30」という年齢を言っているのではなく，「28歳から30歳の年ごろで」の意を表し，「彼は，ふつうなら20歳(はたち)前の年ごろに読まれる文学を，もう30に手がとどこうという年になって読んでいた」ということを述べているのである。

◆参考　二桁(けた)の数字を表すのに and を用いて，

five *and* twenty (＝twenty-five)

のように言うこともある。これは古い言い方で，① 21から90までの数で，② 1位の数が5以下である場合に用いるのがふつうである。シェイクスピアより例を二つ示しておく。

（a）ふつうの数の場合：

百年戦争中，アジンコート (Agincourt) の野でフランス軍に大勝したヘンリー5世は，敵側のおびただしい死傷者にくらべ，イギリス軍が失った将兵は僅少にとどまったことを知り，神を賛える。

None else of name: and of all other men
But **five and twenty**. O God! thy arm was here;
And not to us, but to thy arm alone,
Ascribe we all.　　　　　　　　　　　　　　—— *Henry V*

名のある戦死者はこれだけだ。ほかの者も
全部で25人にすぎない。ああ神よ，あなたのお加護のおかげです。
われわれの力ではなく，ひとえにあなたの加護により
この勝利を得ることができたのです。

（b）年齢の場合：

シチリアの王リオンティーズは，妃ハーマイオニの貞節を疑い，妃が生んだばかりの姫を，遠く離れた荒野にでも捨ててくるように貴族アンティゴナ

スに命じる。そのアンティゴナスと姫を乗せた船が流れ着いたのがボヘミア。姫が捨てられた荒れ地を，羊飼いがぼやきながら通りかかる：

I would there were no age between sixteen and **three-and-twenty**, or that youth would sleep out the rest. ―― *The Winter's Tale*

16 から 23 までの年なんてなけりゃいいんだ。でなけりゃ，青春時代なんて，終るまでずっとおねんねしていてもらいたいもんだ。

◈**注意** 〔例〕の中の the taste is *there* の there は ①「そこに」という指示副詞の用法ではなく，②“存在”を表す用法である。

① I found the book on the desk. It's still **there**. (まだそこにある)

② The pain was still **there**. 〔=existent〕 (痛みがまだあった)

◉なお，〔例〕の訳文は，わかりやすくするために，訳し下げたものと思われるが，やや原文が表す意味とのズレがあるので，参考までに，原文の複雑さを残したまま，忠実に訳しておいてみる。

「彼は 28 歳から 30 歳の年ごろに，ふつうなら，かりに読まれるにしても，それよりも 10 歳も若いころに，もともとそのような［文学に対する］愛好心があり，それが――若く元気な動物が食べ物を求めるように――満足させられることを貪欲に求めるために読まれるような文学を読んでいた」

174 (話 法)

〔例〕 During my last year at college there are times when the phone actually goes dead at the other end after **I announce who is calling,** and the few nice girls who are still willing to take their chances and go out alone with me are, I am told (by the nice girls themselves), considered nearly suicidal.

大学生活最後の年には，かかってきた電話に「**どなたですか？**」と聞くと，何も言わずにプツンと切れることが何回かある。また，運を天に任せてぼくと二人きりで外出するのをものともしない，少数の話のわかる子は，自殺する気も同然と思われている，と（当の女の子たちから）聞いている。

解説　この文で announce がもし ask ならば，その直接話法は，

I ask, "Who is calling?"

（「どなたですか」と尋ねる）

で，上の訳は正しい。しかし，announce は「告げる」の意であるから，「だれが電話をかけているかを告げる」のであって，かりに I=Tom とすれば，私が言った内容は，直接話法では，

I announce, "This is Tom [calling／speaking]."

（「こちらはトムです」と告げる）

といったようなものである。

●だから，この部分は，私のほうから女の子に電話をかけて「相手に自分がだれであるかを告げる」と，相手の女の子は私の名前を聞いただけで，ものも言わずに電話を切ってしまう，そういったことも何度かあったことを述べていることがわかる。

◆**注意**　電話で自分のことを指すのは this，相手のことを指すのは that である。

Hello. **This** is Miss Andrews. Is **that** Mr. Smith?

（もしもし，こちらはミス・アンドルーズです。スミスさんですか）

ただし，相手のことを指す場合にも（特に米語において）this を用いることがよくある。

Who is **that** (*or* **this**) speaking?

（どなた［どちら様］ですか）

175 （時　制）

〔例〕 She cried, "You'll cut your nose!"

He lowered the bottle and squinted at her. He said of the wine, "It kind of swings."

She smiled and said, "You did." She touched the bridge

of his nose and showed him a pink blot of blood on her white finger-tip. "Now," she said, "when I see you **normally, I'll see** the little cut on your nose, and only **I will know** how you got it."

「それじゃ，鼻の所けがするわよ！」彼女が大きな声をだした。

彼は瓶を口から離し，彼女を見つめた。「なかなかいかすぜ」と，彼はワインのことをさして言った。

彼女は笑い，「ほら，けがしちゃった」と言った。彼女は彼の鼻梁にそっとふれ，白い指先についた淡いピンクの血の色を見せた。「あなたに会うとき，**いつも**鼻に小さな傷があるのに**気づいていたの**。でもこれで，どうしてそんな傷をつけるのか，**わたしわかった**」と彼女は言った。

解説　恋人同士の男女。砂丘の起伏する浜辺で。遅れて来た男は途中でワインを買ってきた。先に着いた女は気を利かせて紙コップを持ってきていた。だが栓抜きがない。女がそばの岩を指さす。男はちょっと失敗を懸念しながら，瓶の口を岩にぶつける。一度目は軽く，二度目はもう少し強く。三度目に瓶の細片がきらめいて散った。女は，瓶を受け取り，顔を仰向け，ぎざぎざに割れた瓶の口から飲む。瓶を離したあとの彼女の顔に傷はない。こんどは男が瓶を受け取り，女を真似て，顔を仰向け，飲もうとする。見ていた女が声をあげる。上の英文の冒頭の女の叫び声である。

男にとってもこんなワインの飲み方は初めてであろうし，こんな傷を鼻につけたのも初めてであろう。下線部の訳文は内容から言っても，想像される事実とは一致しない。

◆**注意**　when I **see** you normally という現在時制は，「時や条件などを表す副詞節では，未来のことでも現在時制を用いる」と文法書に説明される，ふつうの用法と考えてよい。たとえば:

When I **see** you *tomorrow*, I'll tell you the truth.

（あしたお会いしたとき，本当のことをお話ししましょう）

のように副詞が未来を表す tomorrow でも動詞は will see という未来時制にはならない。

◎後半の only **I will know** how you got it のほうも一般的な未来時制で

あり，たとえば **I will be** the only person who knows how you got it. のように言いかえてみた場合と同じく，主語が一人称であっても意志未来ではなく，未来のことについての推量を表している。

●念のため，下線部の意味をまとめておけば：

「こんどふつうに（＝このように二人だけじゃなくて）お会いしたとき，きっとあなたのお鼻に小さな傷が残ってるわね。でもどうしてそんな傷ができたか知っているのは私だけなんだわ」

176　（受動態）

〔例〕 His brother had played fullback on the football team, but the brothers had rarely **been seen** together.

彼の兄はフットボール・チームのフルバックだったのだが，その兄と彼はめったに**会って**いないようだった。

▒解説　二人は兄弟で，同じ家で，毎日仲よく暮らしている。つまり，しょっちゅう顔を合わせているわけだから，「めったに会っていない」というのはおかしい。

上の英文は受身の文なので，意味上文尾に by people を補って解する。したがって，

「この二人の兄弟がいっしょにいるところが［人々によって］見かけられることはめったになかった」

といった訳文が正しい。

177　（受動態）

〔例〕 As long as we can deal with the Negro as something to be manipulated, something to **be fled** from, or something to be given something to, ……

われわれが黒人を，利用できる存在として，放っておけば**逃げ出し**

> てしまう存在として，あるいは，何かを与えてやらなければならない存在として扱うことが可能なかぎりは，……

▒解説　英語では受動態で表されている文を，そのまま受動的に訳すと不自然な日本語になってしまうことが多いが，そのような場合に能動的に訳すことは一向に差支えない。この翻訳文でもすべて能動表現で統一しているのは，訳し方の一つの工夫として学ぶべきことであるが，下線部は，原文とは全く違った内容になっている。

The Negro is something to be fled from. は，能動的に言いかえれば，

The Negro is something for us to flee from.

The Negro is something from which we should flee.

のような形になる。したがって，訳文のように「(黒人が) 逃げ出してしまう」のではなく，「(われわれが) 黒人から逃げ出す」という意味関係を表していることがわかる。直訳は「それから逃げ出されるべきもの」だが，内容をわかりやすく言えば，「われわれが黒人を，［われわれによって］あやつられるべきもの，忌避されるべきもの，あるいは，なにかを施されるべきものとして扱うことができるかぎりは…」である。

◈注意　次の二つの不定詞は，能動・受動のいずれでも，実質的にはほぼ同じ内容を述べる：

There is a lot of work **to do.**

There is a lot of work **to be done.**

(しなければならない仕事がたくさんある)

ただし，次の場合は区別が必要である。

① There is nothing **to do.**

② There is nothing **to be done.**

① なすべきことがなにもない。(手もちぶさただ)

② なされうることはなにもない。(どうしようもない)

① There is nothing **to see.**

② There is nothing **to be seen.**

① 見るべきものはなにもない。(=There is nothing worth seeing.)

② なにも見えない。(=There is nothing visible.)

178 （句読点）

〔例〕 I saw a chapel all of gold
That none did dare to enter in,
And many weeping stood **without**,
Weeping, mourning, worshipping.

だれもが入ろうとしない黄金の
礼拝堂を，わたしは見た。
そして，懺悔に来る多くの人々が，悔い**もせず**，悲しみ**もせず**，
礼拝**もせず**，立っていた。

解説　たった一つのコンマであるが，その位置や有無が文意を全く変えてしまうことがある。たとえば:

(a) I told him **to while** away the time.
(b) I told him, **to while** away the time.
　(a) 私は彼に暇つぶしをするように言った。
　(b) 私は暇つぶしに彼に話してやった。
(a) She wanted to talk, **instead of** reading.
(b) She wanted to talk, **instead, of** reading.
　(a) 彼女は読書のかわりにおしゃべりをしたがった。
　(b) 彼女は，そのかわりに，読書について話したがった。
両者は次のように語順を変えてみれば違いがわかりやすい。
　(a) = ***Instead of*** reading, she wanted to talk.
　(b) = ***Instead***, she wanted to talk ***of*** reading.
ところで without については次のような文を比較:
(a) Many people stood **without**, talking and chatting.
(b) Many people stood, **without** talking and chatting.
　(a) 多くの人々が話やおしゃべりをしながら**外に**立っていた。
〔without は副詞で「外に」〕
　(b) 多くの人々が話やおしゃべりを**しないで**立っていた。

〔without は前置詞で「〜しないで」〕

〔例〕は (a) の場合であるから，

そして多くの人々が泣きながら外に立っていた。

泣きながら，歎きながら，拝みながら。

という意味を表している。

◈**注意** コンマの有無が意味の違いを生じる場合としては，次のようなものについてはっきり区別できなければならない。

① a) He expressed his thanks **naturally**.

b) He expressed his thanks, **naturally**.

a) 彼は自然なかたちで感謝を表明した。〔naturally は動詞 expressed にかかる語修飾副詞〕

b) 彼は当然のことながら感謝を表明した。〔naturally は文全体にかかる文修飾副詞〕

a) =He expressed his thanks *in a natural way*.

b) =*It is natural that* he should have expressed his thanks.

② a) I did**n't** do it, **because** it was difficult.

b) I did**n't** do it **because** it was difficult.

a) それは困難だったのでしなかった。〔否定詞 not は do it だけを打ち消す〕

b) それが困難だからしたのではない。〔否定詞 not は do ... difficult 全体の内容を打ち消す（それが困難だからする—のではない）〕

ただし，a) の意味関係を表す場合でもコンマを用いない場合もある。b) ではコンマは決して用いない。

③ a) There are some people **I know** who believe it.

b) There are some people, **I know**, who believe it.

a) 私の知っている人でそれを信じる人もいます。〔I know の前に whom (または that) が省略された「二重制限」の関係代名詞構文〕

b) 私は承知していますが，それを信じる人もいます。〔I know は「挿入」要素〕

④ a) **Why** do you smoke?

b) **Why**, do you smoke?

a) 君はなぜたばこをすうのか。〔Why は疑問詞〕

b）へえ，お前たばこすうの。〔Why は間投詞〕

⑤ a）The teacher says the student is a fool.

b）The teacher, says the student, is a fool.

a）その学生はばかだと先生は言っている。

b）先生はばかだとその学生は言っている。

⑥ a）What did he say **then**?

b）What did he say, **then**?

a）その時彼は何と言いましたか。

b）それでは，彼は何と言ったのですか。

179 （ことわざ）

〔例〕 In England the mother will usually leave the infant to amuse itself for most of the time. It is considered bad for its education to give too much attention. "Little children should be **seen,** and not heard" is a saying often in the mouth of an English mother.

英国では，母親はふつう，大部分の時間，幼児が自分で遊ぶのを放っておくであろう。子どもをかまいすぎるのは，子どもの教育に悪いと考えられている。『親は子供の世話をしなければいけないが，子どもの言いなりになってはいけない』というのは，英国の母親がよく口にすることわざである。

解説 たしかに，see は「見る」ばかりでなく，「世話をする」という訳があてはまる場合もある。

(a) I'll **see** the children.

(b) I'll **see** *to* the children.

(c) **See** [*to it*] *that* the children are up to no mischief.

(a) 子供たちに会おう。

(b) 子供の面倒は僕がみよう／子供たちは僕が引き受けた。

(c) 子供がいたずらしないようにみてくださいよ。

すなわち,「世話をする」に類した訳になるのは前置詞 to を伴うか, *that*-Clause が続く場合（必ず…するようにする）だけであることがわかる。

〔例〕のことわざは直訳すれば「子供は姿を見られても声を聞かれてはならない」であり，具体的には「子供は年上の人の前ではだまっていて，話しかけられないかぎりしゃべらないものだ」ということを述べている。

◈**参考**　ともかくも一流校を目指して受験勉強に励んでいれば子供は殿様，大人は沈黙する今日のような社会では，いささかピンとこないことわざであるようだが，英語を学ぶ者にとっては背景的な常識である。たとえば，機知と洞察と辛辣な諷刺で多くの読者を得ている「パーキンソン夫人の法則」の中にも次のような一節がある。

Victorian children were said **to be seen and not heard**. When the Victorians assembled the family round the dining-room the rule was that elders talked and youngsters listened. Today it is the children who talk and the parents who listen, with profit to neither and obvious harm to both.

—— C. N. Parkinson: *Parkinson's Law*

ヴィクトリア朝時代の子供は姿は見られても声は聞かれてはいけないと言われた。ヴィクトリア朝時代に家族が食卓を囲んだとき，大人が話し，子供が耳を傾けるのが常であった。今日では話すのは子供で，聞くのは親のほうである。これはどちらの利益にもならず，明らかに両者にとって有害なことである。

◉もちろん，当時の親は子供の言論の自由を圧殺したというのではない。子供が傾聴するに値し，またそれによって多くを学び得るだけの内容のある話を，豊富な語彙と威厳をもって話すことができた過去の親にひきかえ，取り留めのない子供の饒舌(じょうぜつ)に目を細めることしかできない今日の親——現代の象徴的な一つの姿に苦言を呈しているのである。

180　（ことわざ）

〔例〕 Nothing succeeds, they say, like success, and certainly nothing fails like failure. I was successful in my work, so

I suppose other successes were too much to hope for. My attempts at anything other than my work have always been abortive.

非の打ちどころのない成功などありはしないという，そして完全な挫折などというものもありはしないのだ。わたしは仕事では成功したのだから，そのほかの成功まで望むのは欲ばりだ。仕事以外でわたしがしようとしたことは，いつも挫折してしまった。

▒解説　下線部はことわざであるが，直訳すれば，

「成功のように成功するものはない」

となり，ややピンとこない日本語になってしまうが，上の翻訳文のような「非の打ちどころのない成功」という意味は生じない。「一つのことが成功すればあとはとんとん拍子になにもかもうまくいく」といった意味で用いられる。下線部に続く nothing fails like failure はこのことわざをもじったものであるから，第一文は「成功は成功を生むといわれているが，失敗は失敗を生むということもたしかである」といったことを述べているのである。

181　（身体の部分を用いた表現）

〔例〕 "I'll see you home."

"You won't." She was so fair and good-looking that I almost **lost heart**, though not enough to stop me answering: "You might drop your purse again."

「家まで送ってやるよ」

「だめよ」あまり色白の美人なので，ぼくはもう少しで**気を失い**そうになったが，やっとのことで言った――「また財布を落すかもしれないからな」

▒解説　食品店の前で若い女性が財布を落とし，ころがり出た小銭を拾ってやって，彼女に手渡すときに電燈の明かりに浮かぶ彼女の姿に気をそそられ，

彼女といっしょに買物客の列に並んで，会話をつなごうとしているところである。 lose heart は「元気をなくす；臆する」の意で，「勇気」や「元気」を失ったり「気」を「落とす」ことではあっても「気」を「失う」ことにはならない。「気を失う」のは lose one's consciousness や faint である。

182 (身体の部分を用いた表現)

〔例〕 Zee: You begged me, you asked me ......
Robert: In my cups.
Zee: You **crossed your heart.**
Robert: Well, I'm uncrossing it.

ズィー:「私に向かって哀願したくせに」
ロバート:「酔いのせいだ」
ズィー:「あなたは**自分の決心を裏切った**のよ」
ロバート:「そうかい。じゃ，もう一度裏切るよ」

解説 cross one's heart は「胸に十字を切る」の意で，自分の言葉が偽りでないことを誓うときに行う動作である。だから，下線部およびその応答は，
ズィー:「あなた（十字を切って）誓ったのよ」
ロバート:「そうかい，じゃ，誓いを取り消すよ」
といったものでなければならない。

◈注意 heart に対し mind も「心」を表すが，mind はまた「理性；頭[脳]；考え」などの意味もあり，文脈により区別する。なお:

lose **heart** 「勇気を失う；失意する」
lose one's **mind** 「理性を失う；発狂する」
lose one's **head** 「自制心を失う；あわてる」
lose [one's] **face** 「面目を失う；顔がつぶれる」

ただし lose one's **heart** (or **head**) *to* (or *over*) ～ と言えば「心」も「頭」も区別もつかなくなり「～に夢中になる」ことである。

◈参考 *wash* one's **hands** of ～ は「～と手を切る」か「**～から足を**洗う」

であって「手を洗う」とはならない英和の対比が面白い。have a cold in the **head** といえば「頭に寒気を感じる」などではなくて「鼻かぜを引いている」ことである。「借金で首が回らない」は He is up to his **ears** in debt.（耳まで借金につかっている）となる。

次は身体の部分を表す名詞を用いた熟語・ことわざの重要なもの。

① He took to his (　　).（すたこら逃げ出した）
② He lives from (　　) to (　　).（その日暮らし）
③ Don't put your (　　) into my affair.（口出し無用）
④ I can't make (　　) or (　　) of it.（皆目わからぬ）
⑤ Hold your (　　).（口を利くな）
⑥ So many men, so many (　　).（十人十色）
⑦ Make a clean (　　) of it.（包まず白状しな）
⑧ He is tight-(　　)ed.（彼はがめつい男だ）
⑨ His fingers are all (　　).（ぶきっちょな奴だ）
⑩ Two (　　) are better than one.（三人寄れば文殊の知恵）

《答》 ① heels ② hand; mouth ③ nose ④ head; tail ⑤ tongue ⑥ minds ⑦ breast ⑧ fist ⑨ thumbs ⑩ heads

183 （身体の部分を用いた表現）

〔例〕 "He was very disappointed," I said when I got back upstairs. "He hardly spoke two words."

"Oh the silent type!" she said, **making a long face**.

"You can imagine what an evening with him would be like! Get your mink on, we're going to a hop."

「あのひと，とてもがっかりしていたわよ」二階へ戻って，わたしは言った。「だって，ほんのふたことぐらいしかしゃべらなかったのよ」

「まあ，無口なタイプ！」彼女はあごをつき出した。

「あんな人とデートしたら，どんな退屈な晩になると思って？ あなたいちばんいい服を着なさいよ，踊りに行かない？」

▩**解説** 単に make a face, make faces と言えば「しかめつらをする」ことである。make a long face だからといっても文字通りに「長い顔を作る」ことはしょせん無理であるから，せめてあごを出して顔を長く見せようというのだろうか。正しくは「ゆううつそうな（悲しげな，沈んだ，浮かぬ）顔をする」の意であって，make の代りに pull や draw, put on などを用いても同じである。

◈**注意** 〔例〕の訳に用いられている『あごをつき出す』に相当する英語は何であろうか。「あご」には jaw（口の上下の）と chin（下あごの前部）とがあるが，この表現で用いられるのは chin で，thrust one's chin out, put out one's chin などという。これは，反抗的，挑戦的な昂然とした態度について用いる表現であり，がっくりと元気を失ってしまった様子をいう『あごを出す』とは，はっきり区別されなければならない。こちらのほうは，「あご」そのものとは関係なく be exhausted などと表すことになるが，『あごを出すな』ならば "Keep your chin up."

▶次のような文でも a long face を間違えてはならない。

Hardly **a long face** was to be seen.

〔誤〕 面長(おもなが)の人はほとんどいなかった。

〔正〕 沈んだ顔をした者はほとんどいなかった。

What's **the long face** for ?

〔誤〕 何だ，鼻の下を長くして。

〔正〕 なぜそんな浮かぬ顔をしているんだい？

184 （類似語）

〔例〕 The elderly woman sat nervously on the edge of one of the chairs in a drawing-room that looked as if it were furnished from dismal relics of dismal homes, and there was a little **straggling** attempt at conversation.

女は神経質そうに居間の椅子の一つに浅く腰をかけた。この居間は，陰鬱な家の陰鬱な遺跡から家具を持って来たといった風情だった。会話には些(いささ)か苦しい努力が必要だった。

▒解説　str*a*ggling を str*u*ggling と読み違えたもの。straggle は「はぐれる，ほつれる，散在する，ばらばらに進む（生える）」などの意を表す。たとえば：

The Colonel's sparse hair was slicked straight back, military style; Corde's baldness was more random, a broad bay, a **straggling** growth of black hair.

——Saul Bellow: *The Dean's December*

大佐の薄い髪は，軍隊式に，うしろにまっすぐ梳(す)いてあった。コルドの禿(は)げ具合はもっと不揃いで，いわば幅広い湾であり，黒い髪が**まばらに生えていた**。

●したがって〔例〕の下線部は「ときどき会話をしようとするまばらな試みがなされた」といった意味を表していることがわかる。

◆参考　ある単語をそれと似た単語と読み違えたために生まれた，‘ご愛嬌’の誤訳の例を示しておく。

① My child taught me **humility.**

——Pearl Buck: *The Child Who Never Grew*

娘は私に，**人間とは何であるか**ということを教えてくれたのでありました。

* おそらく humility（謙虚さ）を humanity と読み違えたものであろう。

② They ran errands, chauffeured him, got him girls at any hour of the day or night, took trips with him, gave him **massages.**

——Sidney Sheldon: *A Stranger in the Mirror*

彼らは使い走りをしたり，彼の車を運転したり，日中も夜もどんな時刻にも彼のために若い女を世話し，彼の旅行に付き添い，**伝言**を彼につたえた。

* massages（マッサージ）を messages と読み違えたもの。

③ A little phrase had **severed** them.

——Edna O'Brien: *Girls in their Married Bliss*

ほんのひとことが，ふたりを**助けた**のだ。

* sever（切り離す，断ち切る）を serve（役に立つ）と読み違えたものであろう。「ほんのひとことが，ふたりの仲を引き裂いた」の意。

④ I tried the State Employment Office and all the guy there does is show you unemployment figures for the **county** and shakes his head.

——Bernard Malamud: *Dubin's Lives*

州の職業安定所へ行ってみたんですけど，あそこの男ったら，**国全体**の失業者の数字を見せて首を振るだけなのよ。

* county [káun-] を country [kʌ́n-] と読み違えたもの。county は，米国では state（州）の下の行政区画で「郡」の意。英国では「州」。

⑤ … Gautier's own red vests, black scarves, crazy hats, outrageous **pronouncements**, huge thirsts, and ravenous groin …

——Tom Wolfe: *The Painted Word*

ゴーチェ自身の桃色のヴェスト，黒いスカーフ，奇妙きてれつな帽子，メッチャランポランな**発音**，底なしの飲みっぷり，腰の休まる暇もない助平っぷり…

* pronouncement は「宣言，宣告」などの意で pronunciation（発音）とははっきり区別されなければならない。

⑥ George had recently sent one of his rare letters, **dully** factual about experiments with new fertilizers …

——Anthony Burgess: *The Wanting Seed*

筆不精の彼が最近珍しく手紙をよこした。新しい肥料の実験について**適切な**事実を伝える手紙を。

* dully（退屈に）を duly（正しく，適切に）と読み違えたもの。「**事実だけを伝える退屈な手紙**」だったわけである。

185 （カタカナ語）

〔例〕 Every day the stores are filled with women who are apparently in no hurry to return home, since they migrate from one **department** to another in the most leisurely fashion.

いかにもひまそうにデパートを転々として，家路を急ぐでもない婦人たちが毎日店にあふれている。

解説　department は -part（部分）を語幹とし，「区切られた部分」を表す。これから「部門，省，局，科」などの意味が生じる。ところで，日本語の「デパート」は，英語では depart でも department でもなく department store（区切られた売り場からなる店）である。したがって〔例〕の英文の下線部は「店のある売り場から別の売り場へと渡り歩く」が正訳。

注意　同様に日本語の「アパート」は，apart でも apartment でもなく apartment house (*or* building) である。**apartment** だけならば「アパートの中の一区分」を指し，アパートの建物のうち，一世帯が住む居住区分を言う。なお，-part を含むもう一つの単語 **compartment** は，列車の中を区切った「客室」を表す。

186　（カタカナ語）

〔例〕 It is the **test** of great literature that it should be found to have endured.

長く続いたことが認められるのは，偉大なる文学の**テスト**である。

解説　日本語で「テスト」というカナ文字が通用するのは「試験」や「検査」などの意味を表す場合だけ。英語の test のもう一つの重要な意味は「尺度・基準・試金石」などと訳されるものであって，この場合はカタカナですませることはできない。上の文は「長い生命を保ってきたということが，偉大な文学であることを示す**試金石**となる」の意。

注意　外来語として日本語で市民権を得ているカナ文字語は，原語の特定の意味に対してだけしか通用しないものが多い。にもかかわらず，カナ文字語としての意味が先入観となって，他の意味を無視させ，解釈を誤らせることが多い。たとえば，次のような場合はどうだろう。

① popular rule

〔誤〕「ポピュラーなルール→人気のある規則」

② in an elegant fashion

〔誤〕「エレガントなファッションの中で→優雅な流行の中で」

それぞれ正しくは ①「人民による政治」 ②「優雅なやり方で；上品に」(=elegantly)〔fashion=manner〕

◈参考 上に述べた意味での test を含む文例。

There is no more final **test** of university adequacy than its effectiveness in creating a widespread curiosity in books.

(大学の適格性を計る尺度として，広く書物に対する好奇心を生み出すことにどの程度効果的な役を果しているかということ以上に決定的なものはない)

187 (カタカナ語)

〔例〕 The boy puts down his coffee mug, approaches him with a **beam.**

彼はコーヒーカップを置き，ビームを持ったまま近づく。

▩解説 かな書きの「ビーム」とは何だろう。『広辞苑』には「→はり(梁)」，外来語辞典には「梁(ﾘｮｳ)」「けた」「横げた」とある。話がおだやかでなくなる。ここは洋裁店である。もちろん，ここでは beam は「にこやかな笑み」の意を表す場合であって，彼は「にっこり笑って近づく」のである。with a smile などと同じなのだ。

◈参考 この語は動詞としてもよく用いるので，その例を一つ：

She **beamed** up at him.

—— Alex Haley: *Roots*

彼女はにっこりと彼にほほえみかけた。

188 （カタカナ語）

〔例〕 Galvin respected the old man greatly. Which explained Moe's daughter. If he had not taken advantage of Rhonda, a real **knockout**, it had been only partly a matter of honor. When it came to sex Galvin had very little honor.

ギャルヴィンはモウを大いに尊敬しており，これがモウの娘とのことの説明になった。彼はロンダの恋情につけこまなかった。完全には**ノックアウト**しなかった。その理由の中で名誉はごく一部を占めるにすぎない。セックスに関して，ギャルヴィンはほとんど名誉心を持ち合わせていなかったのである。

▨解説 モウは年老いた弁護士。同じ弁護士であるギャルビンが今日あるのは彼のおかげである。モウの娘のロンダは，かつて独身時代のギャルビンに熱をあげたことがあったが，ギャルビンは彼女の気持につけこんだりはしなかった。彼女の父に対する深い尊敬の念が，その娘に対して彼を紳士的に振舞わせたのである。

●a real knockout は，構文的には，Rhonda と同格であることがわかるはずである。すなわち，... Rhonda, *who was* a real knockout, ... と補った場合と同じ意味関係を表し，この knockout は「(男性の心をノックアウトしてしまうような) 魅力的な女性」なのである。

●したがって，下線部は，直訳すれば：

「彼がロンダ――すばらしく**魅力的な女性**だった――につけこまなかったとしても，それは部分的にしか名誉心の問題ではなかった」

少しくだいて内容を表せば：

「彼が，とても**いかす娘**だったロンダが自分に惚れていることにつけこんで彼女に手をつけなかったとしても，それは彼が品行方正な人間であったからというのが主な理由ではなかった」

◆注意 上の翻訳文では If が訳出されていないが，やはり，特定の文脈において，

① 「もし～ならば」〔条件〕　② 「たとえ～としても」〔譲歩〕
のいずれの意味で用いられているかは正しく区別しなければならない。〔110ページ参照〕

◈**参考**　knockout の例を一つ。

"Especially this one," Nancy said. "I hear she's a **knockout**. Twenty years old, gorgeous."

―― Elmore Leonard: *Glitz*

「特にこの女はね」ナンシーは言った。「すごくいかす子だって聞いたわよ。年は二十歳(はたち)で，目のさめるような美人だって」

◈**参考**　カタカナ語は，(a) 一般に日本語で用いられている以外の意味で用いられる場合，(b) 日本語の慣用が英語と一致しない場合などに，誤訳・誤用を生みやすい。次に例を示す。

① **stage coach**　古典的な誤訳であるが，「ステージのコーチ」すなわち「舞台監督」ではない。「駅馬車」が正しい。

② **cunning**　「カンニング」は日本語では「不正行為」であるが，英語では「ずるい」の意の形容詞。「不正行為」には cheat, crib などを用いる。

She was the problem child of the group, ... **cribbing** in examinations, sneaking weekends ...

―― Mary McCarthy: *The Group*

彼女はグループの問題児で，試験で**カンニングはする**し，週末には行方をくらますし…

③ **bar**　たとえば thirty years of practice at the **bar** は「バーでの30年間の練習」ではなく「30年におよぶ弁護士生活（<**法廷**）」である。また：

He felt exposed at the **bar**.

―― Barry Reed: *The Verdict*

カウンターにいるとさらし者になっているように感じ［隅のテーブルに移っ］た。

bar は「棒；横木」などから派生する種々の意味を表し，ここでは飲食店などで客が座るいわゆる「カウンター」(counter) のこと。

④ **handle**　ドアの「取っ手」は handle というが，自動車を運転するときの「ハンドル」は the [steering] wheel である。the man at the **wheel** といえば「運転者」のこと。〔27 ページ参照〕

索　　引 〔数字はページを示す〕

本書は，聖文新社より2003年に発行された『誤訳の構造』（初版『誤訳の構造——英語プロの受験生的ミス』1987年，吾妻書房発行）の第6刷（2013年10月発行）を，新装のうえ，原書通りに復刊したものです。

誤訳の構造

2021年7月31日　初版第1刷発行　［検印省略］
2023年2月25日　初版第2刷発行

著　者　中原道喜
発行者　金子紀子
発行所　株式会社　金子書房

〒112-0012　東京都文京区大塚 3-3-7
電話 03-3941-0111（代表）　FAX 03-3941-0163
振替 00180-9-103376
URL https://www.kanekoshobo.co.jp
印刷・製本　株式会社三島印刷

ISBN 978-4-7608-2013-9　C3082